国家级高技能人才培训基地建设项目成果
1+X 职业技能等级证书配套教材

新能源汽车车载网络技术

主　编　李　彦
副主编　吴成权　杨　雪　刘　巍　孙　洁
主　审　刘晓明

科学出版社
北　京

内 容 简 介

本书是国家级高技能人才培训基地建设项目成果、1+X 职业技能等级证书配套教材，由校企“双元”联合开发，具有内容新、实用性强的特点。

本书的编写充分考虑我国职业院校学生的实际情况，结合职业技能鉴定的要求，采用“基于工作过程”的编写理念，“教、学、做、练、评”五位一体，以培养高素质技术技能人才为目标，精选八个典型项目，内容包括动力网关控制系统的检测维修和诊断分析、中央网关控制系统的诊断分析、中央底盘网关系统的诊断分析、车身网关控制系统的检测维修和诊断分析、娱乐网关控制系统的检测维修和诊断分析。

本书案例丰富，内容浅显易懂，既可作为职业院校车辆工程、新能源汽车技术及其相关专业的教材，也可作为新能源汽车培训机构的培训教材。

图书在版编目(CIP)数据

新能源汽车车载网络技术/李彦主编. —北京：科学出版社，2021.12
国家级高技能人才培训基地建设项目成果 1+X 职业技能等级证书配套教材
ISBN 978-7-03-071105-2

Ⅰ. ①新… Ⅱ. ①李… Ⅲ. ①新能源-汽车-计算机网络-技术培训-教材 Ⅳ. ①U463.67

中国版本图书馆 CIP 数据核字（2021）第 261219 号

责任编辑：张振华 刘建山 / 责任校对：王万红
责任印制：吕春珉 / 封面设计：东方人华平面设计部

科学出版社出版
北京东黄城根北街 16 号
邮政编码：100717
http://www.sciencep.com

三河市中晟雅豪印务有限公司印刷
科学出版社发行 各地新华书店经销
*
2021 年 12 月第 一 版 开本：787×1092 1/16
2021 年 12 月第一次印刷 印张：7
字数：160 000

定价：36.00 元

（如有印装质量问题，我社负责调换〈中晟雅豪〉）
销售部电话 010-62136230 编辑部电话 010-62135120-2005

前　　言

随着新能源汽车保有量的不断增加，人民群众日益增长的新能源汽车的售后维保需求和新能源汽车售后维修人才紧缺之间的矛盾成为汽车行业发展新阶段遇到的新问题。

新能源汽车均具有现代电子电路，可全面实现网络化、集成化、自动化控制，其在使用过程中产生的很多故障用传统的检修方法基本无法排除。如今，一线维修人员因各种原因无法进行原厂新车上市的同步培训，很多一线维修人员对如何正确检修车载网络系统故障比较陌生，有时感到束手无策。

若要掌握新能源汽车的车载网络维修技术，则必须系统学习新能源汽车车载网络结构原理和维修知识，同时要不断学习同行业中高级维修人员的经验和技巧，从中吸取经验，提高自身维修水平。

本书结合 1+X 新能源汽车网关控制娱乐系统技术（中级、高级）职业技能等级证书要求提炼出八个项目，考虑可操作性、知识技能的完整性，每个项目均设有学习任务，各院校可结合自身实训条件进行任务实施。学生学完八个项目后即可参加 1+X 新能源汽车网关控制娱乐系统技术（中级、高级）职业技能等级证书考试认证。

本书由李彦（重庆机电职业技术大学）担任主编，吴成权（重庆机电职业技术大学）、杨雪（重庆电子工程职业学院）、刘巍（重庆五一技师学院）、孙洁（重庆机电职业技术大学）担任副主编，刘晓明（重庆机电职业技术大学）担任主审。具体编写分工如下：李彦编写项目一、项目二、项目六；杨雪编写项目三、项目七；刘巍编写项目四；孙洁编写项目五；吴成权编写项目八。

由于编者水平有限，书中难免存在不足之处，恳请广大读者批评指正。

目　　录

项目一 动力网关控制系统的检测维修

项目描述

随着车用电气设备的不断增加，汽车电气系统逐渐发展为一个复杂的大系统，如从发动机控制发展到传动系统控制，从行驶、转向、制动控制系统发展到安全系统和仪表报警系统，从一般的电源管理发展到为提高便捷性和舒适性而做的综合管理。这样，汽车的大量功能控制都集中到了驾驶室。除此之外，IT 行业的迅速发展，许多新型电子通信产品的出现，对汽车综合布线、信息传递、信息共享提出了更高的要求。

本项目主要介绍 CAN 总线的定义、特点、分类，局域网的拓扑结构，CAN 总线的组成，CAN 总线的工作原理，CAN 总线常见故障的检测方法。

新能源汽车整车网络结构及原理

通过本项目学习，结合 1+X 新能源汽车网关控制娱乐系统技术（中级）要求，掌握新能源汽车动力网关控制系统的组成与原理，能够正确对动力网关控制系统进行检测维修。

学习目标

知识目标	能力目标	思政要素和职业素养目标
1．认识 CAN 总线的结构组成、特点及网络拓扑图； 2．掌握 CAN 总线常见故障类型及故障波形； 3．掌握 CAN 总线常见故障的检测方法	1．能查阅维修资料，了解故障车辆 CAN 总线的结构组成； 2．能进行动力 CAN 总线信号电压及波形检测； 3．能进行动力 CAN 总线终端电阻检测	1．树立正确的学习观、价值观，自觉践行行业道德规范； 2．遵规守纪，团结协作，爱护设备，钻研技术； 3．发扬一丝不苟、精益求精的工匠精神
对接 1+X 新能源汽车网关控制娱乐系统技术（中级）模块		

情景引入

如果你是一名新能源汽车维修技师，客户反映按下比亚迪 E5 车辆一键启动按钮时，仪表盘不亮，全车无任何反应。你该如何检测该车故障？

知识链接

一、CAN 总线的定义

新能源汽车主要模块及 CAN 总线认识

CAN（controller area network，控制器局域网络）是 ISO（International Organization for Standardization，国际标准化组织）国际标准化的串行通信协议。在汽车产业中，出于对安全性、舒适性、方便性、低功耗、低成本的要求，各种电子控制系统被开发出来。

CAN 总线将汽车上各个控制单元连接成一个完整的网络系统，用来传输大量的数据信息。CAN 总线由控制单元、数据传输导线和传输终端组成，其控制单元和数据传输导线如图 1-1 所示。

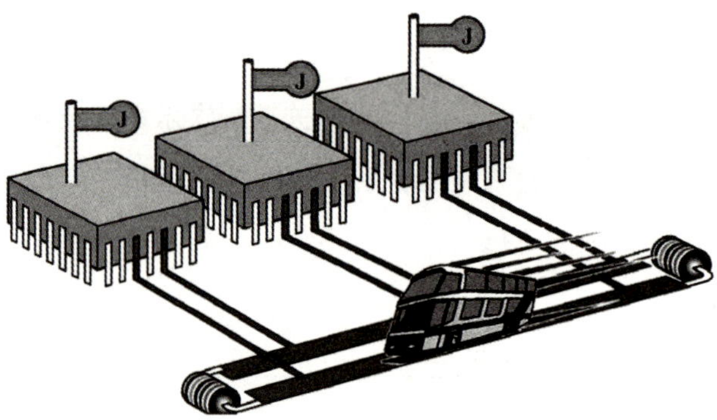

图 1-1　CAN 总线的控制单元和数据传输导线

二、CAN 总线的特点

1）采用 CAN 总线的汽车的布线将十分复杂，一根线束包裹着几十根导线的现象很普遍。

2）占用空间。在有限的汽车空间内布线越来越困难，限制了功能的扩展。

3）CAN 总线的复杂电路降低了汽车的可靠性。在一般情况下，线束装在纵梁下等隐蔽位置，一旦线束中出现问题，查找很麻烦，增加了维修的难度。

4）增加油耗。在一些高级轿车上，导线的质量占整车质量的 4%左右。据统计，导线质量每增加 50kg，油耗就会增加 0.2L/100km。

5）ECU（electronic control unit，电子控制单元）并不仅仅是与负载设备简单地连接，更多的是与外围设备及其他 ECU 进行信息交流，并经过复杂的控制运算，发出控制指令。若按传统的方式连接，则线束成本较高。传统汽车线束如图 1-2 所示，采用 CAN 总线后的汽车线束如图 1-3 所示。

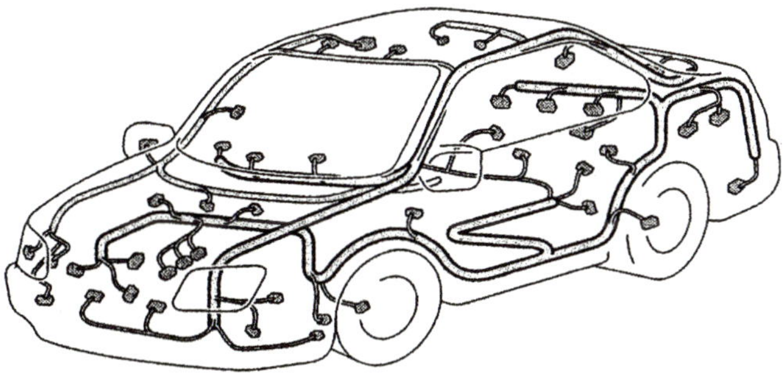

图 1-2　传统汽车线束

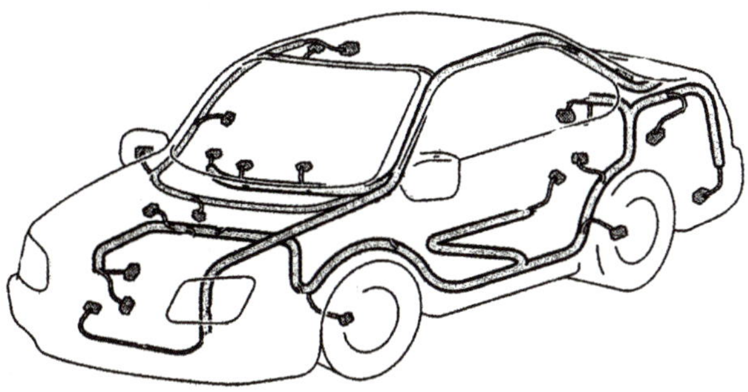

图 1-3　采用 CAN 总线后的汽车线束

三、CAN 总线的分类

根据应用范围将车内 CAN 总线分为三类：舒适 CAN 总线，主要控制车门窗、空调等设备，最高数据传输速率可达 100kb/s；动力 CAN 总线，主要控制动力相关设备，如整车控制单元（vehicle control unit，VCU）、电机控制器、BMS（battery management system，电池管理系统）、电动助力转向系统、ESP（electronic stability program，电子稳定程序）等，最高数据传输速率可达 500kb/s；信息娱乐 CAN 总线，主要控制收音机、电话和导航等设备，最高数据传输速率可达 100kb/s。

根据数据传输速率的不同，CAN 总线可分为两类：高速 CAN 总线和低速 CAN 总线。高速 CAN 总线也称 CAN-C 总线，数据传输速率为 125kb/s～1Mb/s，应用在实时性要求高的节点，如整车控制单元、电机控制器、BMS、电动助力转向、ESP 等；低速 CAN 总线也称 CAN-B 总线，数据传输速率为 5～125kb/s，应用在实时性要求低的节点，主要用于舒适和娱乐领域，如空调控制、座椅调节、灯光、视镜调整等。实时性要求不高的节点分布较为分散，线缆较易受到损坏，低速 CAN 总线的数据传输速率即可满足要求，并且单根线缆也可以工作。不同数据传输速率的 CAN 总线设备不能直接连在同一路总线上，它们之间需要通过网关连接。图 1-4 所示为比亚迪 E5 网络拓扑图。比亚迪 E5 网络分为四类：启动网（125kb/s）、舒适网（125kb/s）、动力网（250kb/s）、ESC 网（500kb/s），不同车型分类方法有所不同。

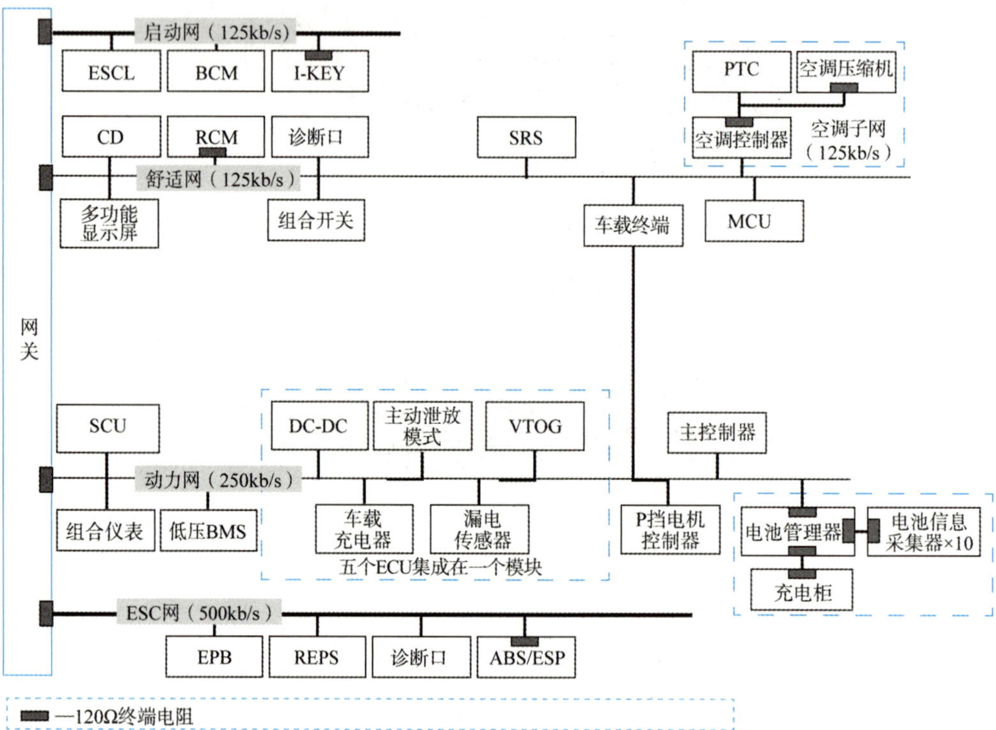

ESCL（electronic steering column lock，电子转向柱锁）；BCM（body control module，车身计算机）；
I-KEY（intelligent key，智能钥匙）；CD（compact disk，激光唱片）；
RCM（restraints control module，约束控制模块）；SRS（supplemental restraint system，安全气囊系统）；
PTC（positive temperature coefficient，正温度系数）；MCU（motor control unit，电动机控制单元）；
SCU（shift control unit，挡位控制单元）；VTOG（vehicle to grid，车辆对负载充电）；
ESC（electronic stability controller，电子稳定控制）；EPB（electronic parking brake，电子停车制动）；
REPS（rack electric power steering，齿条式电动助力转向）；ABS（antilock brake system，制动防抱死系统）；
ESP（electronic stability program，车身电子稳定程序）。

图 1-4　比亚迪 E5 网络拓扑图

四、局域网的拓扑结构

拓扑结构是网络的物理连接方式。局域网常用的拓扑结构有三种：星形、环形、总线型，分别如图 1-5～图 1-7 所示。

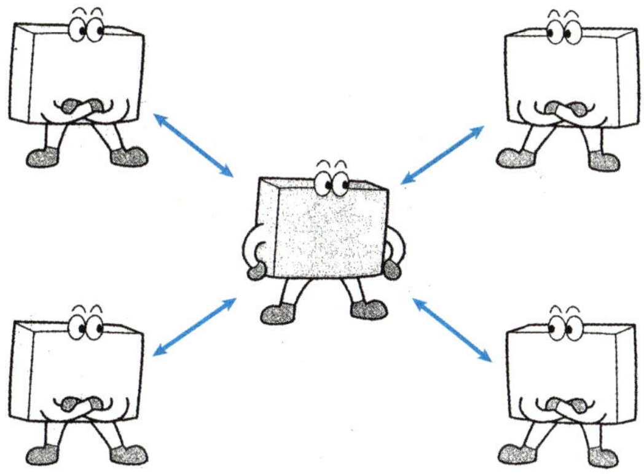

图 1-5　星形网络拓扑结构

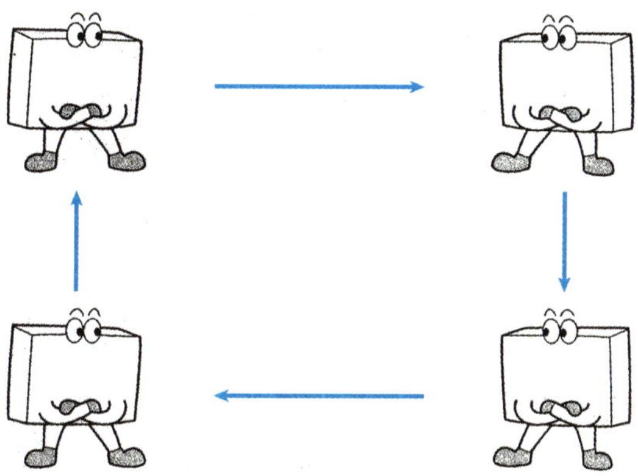

图 1-6　环形网络拓扑结构

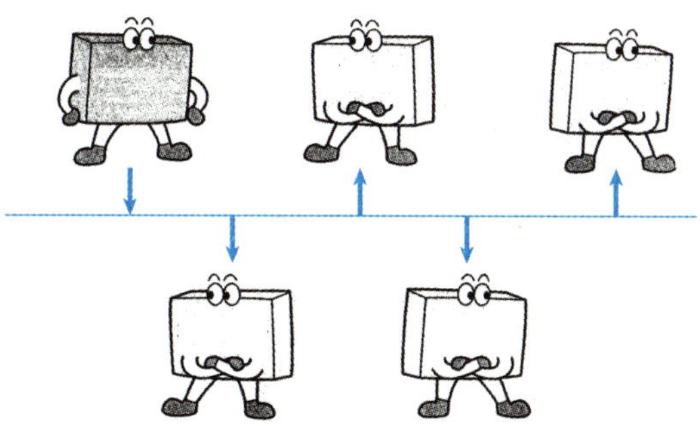

图 1-7　总线型网络拓扑结构

五、CAN 总线的组成

CAN 总线由 CAN 控制器、CAN 收发器、数据传输线、终端电阻组成。其中 CAN 控制器和 CAN 收发器集成在控制单元内部。CAN 总线的结构组成如图 1-8 所示。

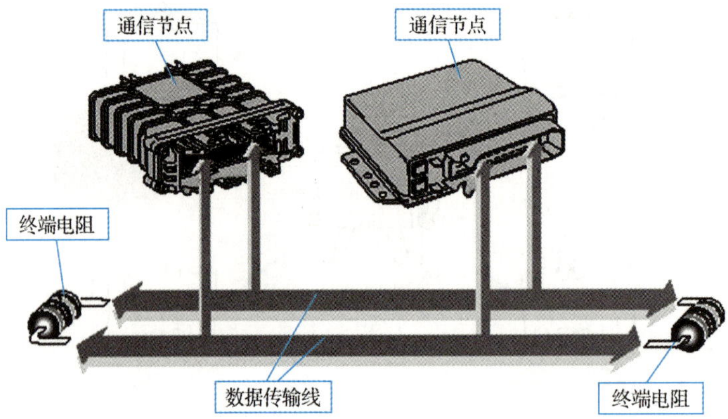

图 1-8　CAN 总线的结构组成

1. CAN 控制器

CAN 控制器（图 1-9）负责接收与处理 ECU 传来的数据信息，并将其转发给 CAN 收发器；同时接收 CAN 收发器截取的数据信息，进行处理后再将其传送给 ECU。

2. CAN 收发器

CAN 收发器（图 1-9）是发送器和接收器的组合体，安装在 CAN 控制器内部，同时兼具接收和发送的功能。它将 CAN 控制器传来的数据转化为电信号送入数据传输线。

3. 数据传输线

数据传输线（图 1-10）用来传输数据信息，它由高、低双绞线组成，分别称为 CAN 高位数据线（CAN_H 线）和 CAN 低位数据线（CAN_L 线）。为防止和避免外界电磁波的干扰和辐射，将 CAN-H 线和 CAN_L 线缠绕在一起。

4. 终端电阻

在数据传输线的两个末端设有两个终端电阻，其目的是防止数据在终端被反射后，以回声的形式返回。数据在终端的反射会影响数据的传输。终端电阻连接在动力 CAN 总线末端的 CAN_H 线和 CAN_L 线之间。每个终端电阻阻值一般为 120Ω，总阻值为 60Ω。

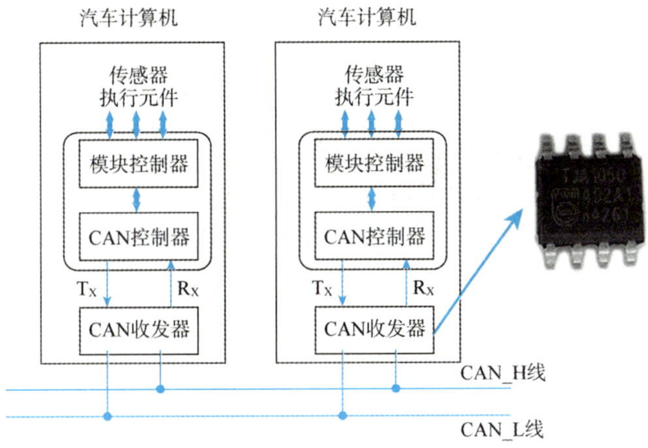

图 1-9　CAN 控制器和 CAN 收发器

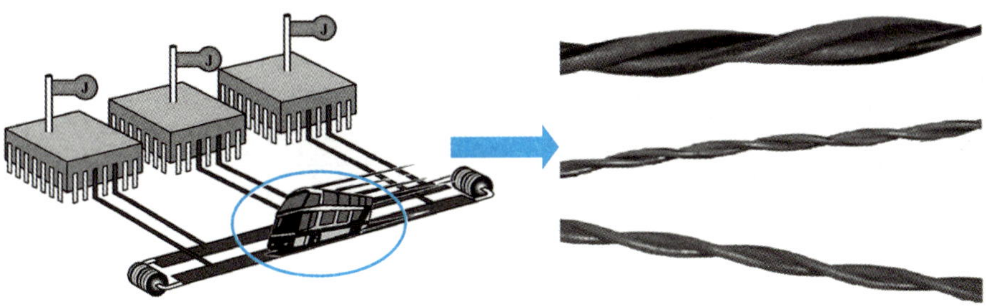

图 1-10　数据传输线

终端电阻在不同型号车辆上的安装位置不一样，有的安装在仪表中，有的安装在整车控制单元中，有的安装在 ABS 中，还有的安装在汽车计算机中。因为两个终端电阻是并联关系，所以断电后动力 CAN 总线上测得的终端电阻值应为 60Ω。如果测得的终端电阻值为 120Ω，那么说明有的地方断路。实测终端电阻值示意如图 1-11 所示。

大众车系使用的终端电阻是分配式电阻，即发动机控制单元的中央末端电阻的电阻值为 66Ω，其他控制单元内的电阻值为 2.6kΩ，如图 1-12 所示。

图 1-11　实测终端电阻值示意

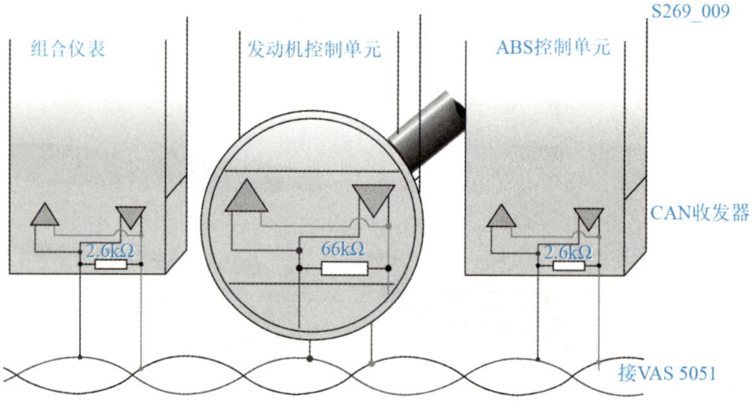

图 1-12　大众车系分配式电阻

六、CAN 总线的工作原理

CAN 总线的控制单元连接采用铜缆串行方式。由于 CAN 控制器采用串行合用方式，因此不同 CAN 控制器之间的信息为广播式传输。也就是说，每个 CAN 控制器均不指定接收者，而把所有的信息都往外发送；CAN 收发器自主选择是否需要接收这些信息。CAN 总线采用多主工作方式，CAN 总线上的所有节点都没有主从之分，这些节点都处于平等的地位。也就是说，在 CAN 总线空闲状态下，任意节点都可以向 CAN 总线上发送消息。CAN 总线广播原理（图 1-13）：一家发送，多家接收。

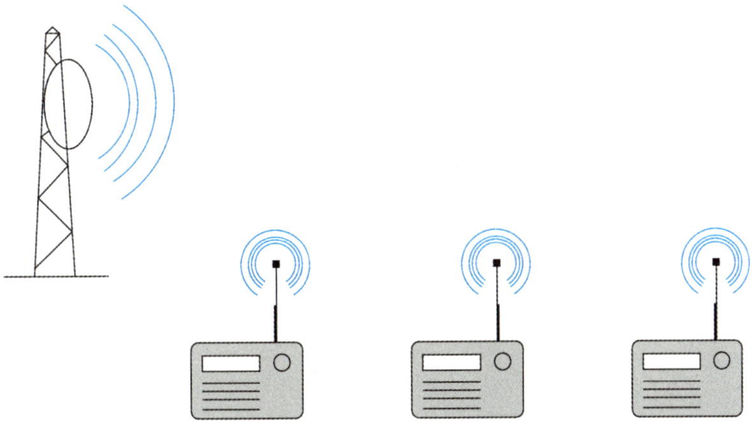

图 1-13　CAN 总线广播原理

七、CAN 总线检修方法

1. 测量电阻法

步骤1：关闭点火开关，断开蓄电池正负极连接线。

步骤2：等待 3～5min，直到所有的电容器都充分放电。

步骤3：连接测量仪器或把万用表的红、黑色表笔分别连接在 CAN_H 线和 CAN_L 线上，测量总电阻值。

CAN 总线检修

步骤4：将一个带有终端电阻的控制单元的插接器拔下，测量总电阻值是否发生变化。

步骤5：插回该控制单元的插接器，将另外一个带有终端电阻的控制单元的插接器拔下，测量总电阻值是否发生变化。

步骤6：结果分析。

当单个控制单元的终端电阻的电阻值为 120Ω、总电阻值为 60Ω 时，说明终端电阻是正常的（大众车系 CAN 总线发动机控制单元终端电阻的电阻值为 66Ω，其他控制单元为 2.6kΩ）。若总电阻值为零，则说明 CAN 总线短路或个别控制单元损坏；若总电阻值为无穷大，则说明 CAN 总线断路。

拔下一个带有终端电阻的控制单元的插接器后，如果总电阻值没有变化，那么说明被拔下的控制单元的终端电阻损坏或 CAN 总线故障；如果总电阻值为无穷大，那么说明连接中的控制单元的终端电阻损坏或 CAN 总线故障。

2. 测量电压法

步骤1：查阅车辆维修手册，在汽车上找到动力CAN总线的传输导线。

步骤2：关闭点火开关，等待2～5min，测量CAN总线隐性电压，在正常情况下，CAN_H线上的电压为2.5V，CAN_L线上的电压为2.5V。

步骤3：打开点火开关，开关车门，测量CAN总线显性电压，在正常情况下，CAN_H线上的电压为3.5V，CAN_L线上的电压为1.5V。

任务实施

完成1+X任务工单一的任务与记录。

1+X任务工单一

1）查询维修手册（参考比亚迪E5网络拓扑图），画出动力CAN总线网络拓扑结构图。

2）动力模块参数记录。

模块名称	CAN_L线针脚号	CAN_H线针脚号	CAN_L线电压	CAN_H线电压	结果判断（正常/异常）

3）检测及绘制动力控制模块（指定针脚）波形。

波形绘制：

检测通道：	检测部件插头针脚及颜色：
检测工况：熄火◎　　怠速◎	每格电压：
最大信号电压值：	脉宽时间：
波形判定：正常◎　　异常◎	

思考与总结

1. 填空题

1）局域网的常用拓扑结构有三种：星形、环形、________。

2）CAN 总线由 CAN 控制器、CAN 收发器、________、________组成，其中 CAN 控制器和________集成在控制单元内部。

2. 判断题

1）单个控制单元的终端电阻的电阻值为 120Ω、总电阻值为 60Ω 时，说明终端电阻是正常的。（　　）

2）关闭点火开关，等待 2～5min，测量 CAN 总线隐性电压，正常情况下，CAN_H 线上的电压为 2.5V，CAN_L 线上的电压为 2.5V。（　　）

3）打开点火开关，开关车门，测量 CAN 总线显性电压，正常情况下，CAN_H 线

上的电压为 3.5V，CAN_L 线上的电压为 1.5V。（　　）

3. 单项选择题

下列对 CAN 总线的叙述不正确的是（　　）。

A．由 15 号线激活　　B．采用双线式数据总线

C．可以工作在单线模式　　D．数据传输速率为 500kb/s

4. 任务学习后总结及建议

____

____

____

____

____

____

5. 任务评价

评价内容	扣分标准	任务评价	任务得分
操作错误次数	操作不正确一次扣 5 分	20 分	
记录数据	记录不正确一次扣 5 分	10 分	
故障排除情况	教师根据故障排除难易程度评分	40 分	
课后思考题	按百分比评分	20 分	
任务学习后总结及建议	不少于 100 字	10 分	
总排名分数	以上总计得分	100 分	

知识拓展

CAN 总线的可靠性

为防止汽车在使用寿命期内由于数据交换错误而对驾驶人造成危险，汽车的安全系

统要求数据传输具有较高的安全性。如果数据传输的可靠性足够高，或者残留下来的数据错误足够低，那么这一目标不难实现。从总线系统数据的角度看，可靠性可以理解为对传输过程中产生的数据错误的识别能力。

残余数据错误的概率可以通过对数据传输可靠性的统计测量获得，它描述了传输数据被破坏和这种破坏不能被检测出来的概率。残余数据错误的概率必须非常小，即在系统整个寿命周期内，按平均统计时几乎检测不到它。计算残余数据错误的概率时，要求能够对数据错误进行分类，并且数据传输路径可由某一模型描述。如果要确定 CAN 总线残余数据错误的概率，可将该概率作为具有 80～90 位的报文传送时位错误概率的函数，并假定这个系统中有 5～10 个站，错误率为 1/1000，那么最大位错误概率为 10^{-13} 数量级。例如，CAN 网络的数据传输速率最大为 1Mb/s，如果数据传输能力仅使用 50%，那么对于一个工作寿命为 4000h、平均报文长度为 80 位的系统，其所传送的数据总量为 9×10^{10}，在系统运行寿命期内，不可检测的传输错误的统计平均小于 10^{-2} 量级。也就是说，如果一个系统按每年 365 天、每天工作 8h、每秒错误概率为 0.7 计算，那么根据统计平均，每 1000 年才会产生一个不可检测的错误。

项目二 动力网关控制系统的诊断分析

项目描述

随着汽车电子装置的不断增多，采用串行总线实现多路传输并组成汽车电子网络，是一种既可靠又经济的做法。在传统汽车电路中，动力总成模块与车身模块的连接都是点对点的，这样线路会日益复杂，进而导致汽车故障率的增加。后来 CAN 总线在汽车上的使用越来越广泛，这种总线可以使布线更加简化，降低成本，电控单元之间交流更加简捷，传感器数目更少，从而实现信息资源共享。

本项目主要介绍动力 CAN 总线信号电压及标准波形，动力 CAN 总线常见故障的诊断与分析方法，万用表、示波器的结构及功能，CAN 总线隐性电压和显性电压。

通过本项目学习，结合 1+X 新能源汽车网关控制娱乐系统技术（高级）要求，掌握新能源汽车动力网关控制系统的组成与原理，能够正确对动力系统网关异常波形进行诊断分析。

学习目标

知识目标	能力目标	思政要素和职业素养目标
1. 掌握动力 CAN 总线常见故障的诊断与分析方法； 2. 掌握万用表、示波器的结构及功能； 3. 掌握 CAN 总线隐性电压和显性电压	1. 能对动力 CAN 总线进行故障诊断与分析； 2. 能使用万用表、示波器对动力 CAN 总线进行故障检测； 3. 能检测并排除动力 CAN 总线的故障	1. 树立正确的学习观、价值观，自觉践行行业道德规范； 2. 遵规守纪，团结协作，爱护设备，钻研技术； 3. 发扬一丝不苟、精益求精的工匠精神
对接 1+X 新能源汽车网关控制娱乐系统技术（高级）模块		

情景引入

如果你是一名新能源汽车维修技师，当同行维修一辆动力 CAN 总线有故障的车辆，但其不会用示波器判断故障时，你是否有能力利用示波器对故障进行分析？

知识链接

一、动力 CAN 总线信号电压及标准波形

动力 CAN 总线信号电压有显性和隐性两种状态，显性代表逻辑 0，隐性代表逻辑 1，由动力 CAN 收发器决定。图 2-1 所示为典型动力 CAN 收发器的内部结构示意图及实物图。

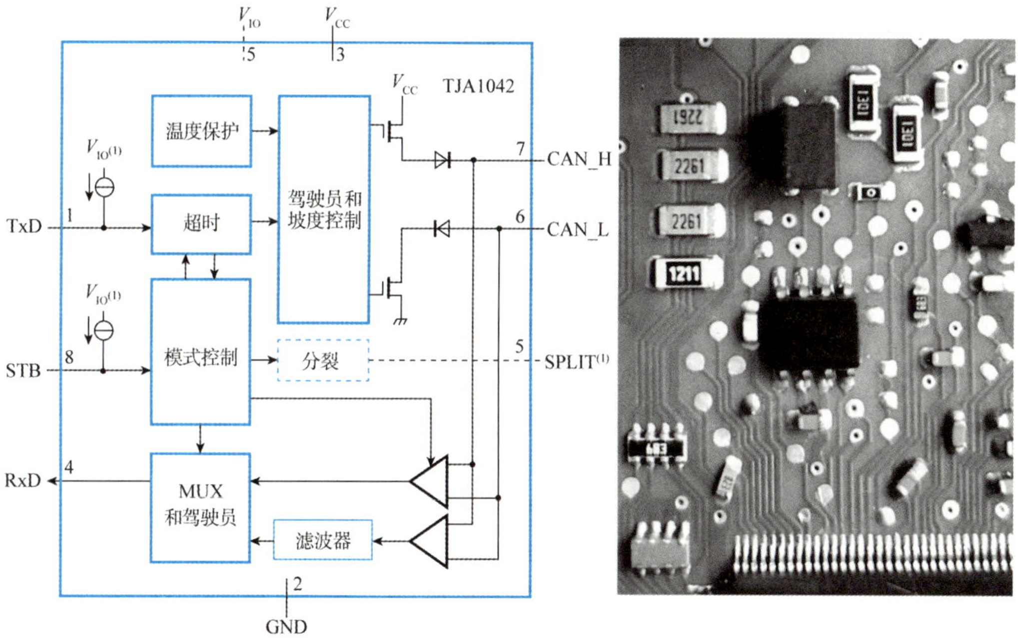

（a）内部结构图　　（b）实物图

图 2-1　典型动力 CAN 收发器的内部结构示意图及实物图

1. TJA1042 的低功耗管理

1）电流极低的待机模式，可通过主机总线唤醒。

2）可预见的欠压特性。

3）掉电状态的收发器会从总线脱离（空载）。

2. TJA1042 的栅栏功能

1）在总线引脚的 ESD（electro-static discharge，静电释放）处理能力。

2）在汽车的瞬态环境下对总线引脚进行保护。

3）发送数据（由 TxD 引脚实现）显性超时功能。

4）在待机模式下，总线显性超时功能。

5）V_{CC}和V_{IO}引脚欠电压检测功能。

6）过热保护功能。

3. TJA1042 的引脚

TJA1042 的引脚图如图 2-2 所示。

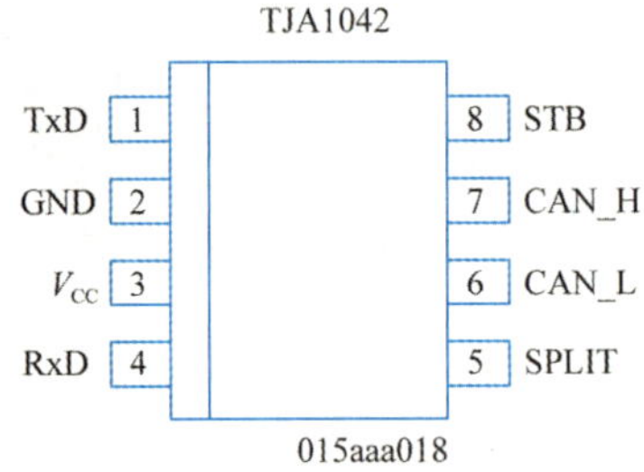

图 2-2　TJA1042 的引脚图

TJA1042 的引脚说明如表 2-1 所示。

表 2-1　TJA1042 的引脚说明

符号	引脚	说明
TxD	1	发送数据输入
GND	2	搭铁
V_{CC}	3	电源电压
RxD	4	接收数据（从总线读出的数据）输出
SPLIT	5	共模稳定输出
CAN_L	6	低位 CAN
CAN_H	7	高位 CAN
STB	8	待机模式控制输入

CAN_H 线的显性电压为 3.5V，隐性电压为 2.5V；CAN_L 线的显性电压为 1.5V，隐性电压为 2.5V。图 2-3 所示为动力 CAN 总线信号电压及标准波形图。

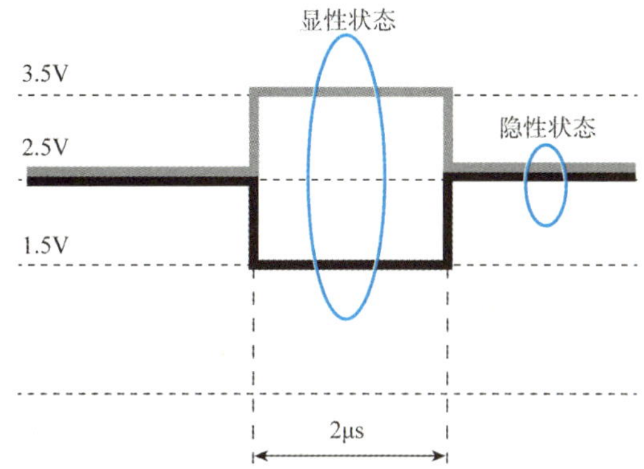

图 2-3　动力 CAN 总线信号电压及标准波形图

动力 CAN 总线若无负载，则信号电压为隐性时差分电阻阻值很大，外部的干扰只需要极小的能量即可令信号电压变为显性状态（一般的 CAN 收发器在信号电压为显性状态时的最小门限电压仅为 500mV）。为了提升 CAN 总线信号电压为隐性时的抗干扰能力，可以增加一个差分负载电阻，其阻值应尽可能小，以杜绝大部分噪声能量的影响。此外，为了避免需要过大的电流才能使 CAN 总线信号电压变为显性状态，其阻值也不能过小。

二、动力 CAN 总线常见故障类型

动力 CAN 总线没有容错性，即动力 CAN 总线任何一根线出问题都会导致动力 CAN 总线瘫痪。动力 CAN 总线输出信号标准波形如图 2-4 所示。

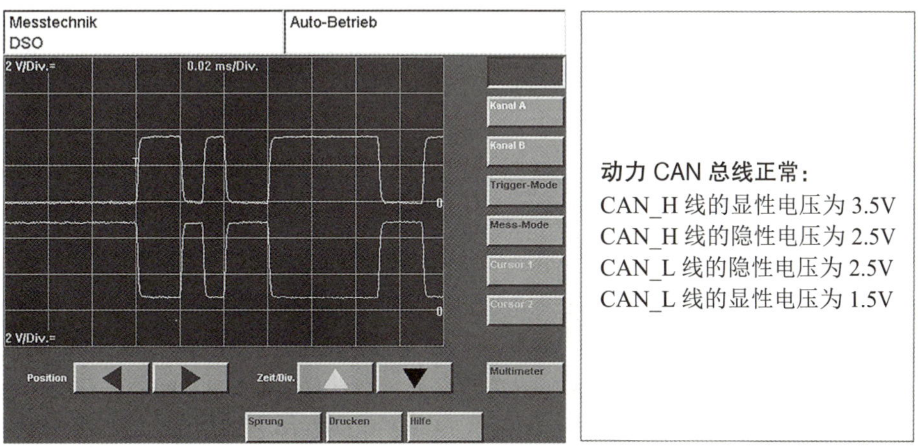

图 2-4　动力 CAN 总线输出信号标准波形

动力 CAN 总线故障类型主要分为以下几种。

1）CAN_L 线对地短路（图 2-5）。

2）CAN_L 线对正极短路（图 2-6）。

3）CAN_H 线对正极短路（图 2-7）。

4）CAN_H 线对地短路（图 2-8）。

5）CAN_L 线单独断路。（图 2-9）。

6）CAN_H 线和 CAN_L 线相互短路（图 2-10）。

7）CAN_H 线单独断路（图 2-11）。

8）CAN_H 线和 CAN_L 线接反（图 2-12）。

此外，动力 CAN 总线还有一些特殊情况，如图 2-13～图 2-16 所示。

新能源汽车不通信故障检修思路（CAN_L 线对地短路）

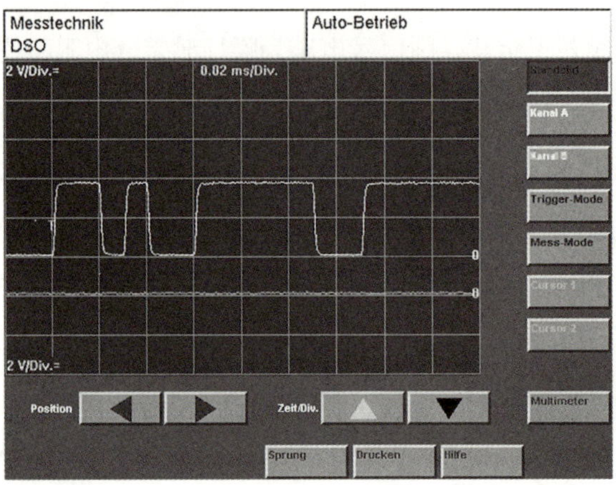

分析过程：

CAN_L 线（上面曲线）信号电压为端电压（0V）

结论：

CAN_L 线对地短路

图 2-5　CAN_L 线对地短路

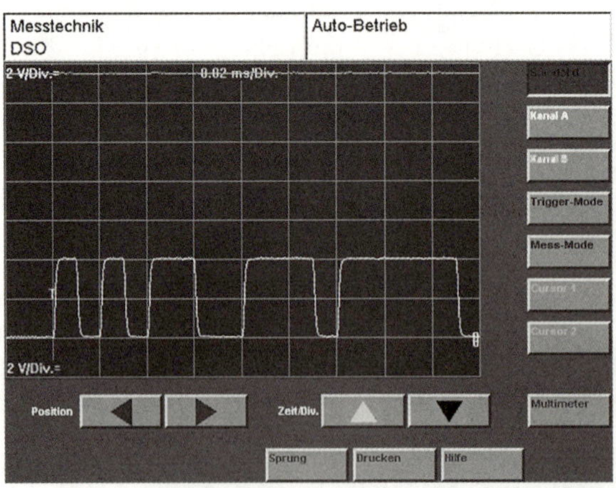

分析过程：

CAN_L 线（上面曲线）信号电压为端电压（12V）

结论：

CAN_L 线对正极短路

图 2-6　CAN_L 线对正极短路

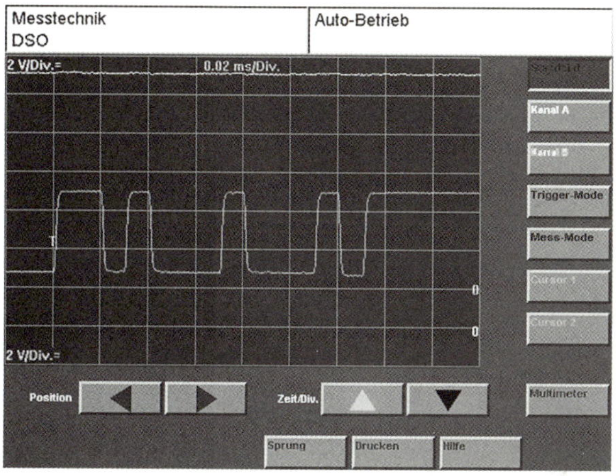

分析过程：

CAN_H 线（上面曲线）信号电压为端电压（12V）

结论：

CAN_H 线对正极短路

新能源汽车不通信故障检修思路（动力 CAN_线对地短路）

图 2-7　CAN_H 线对正极短路

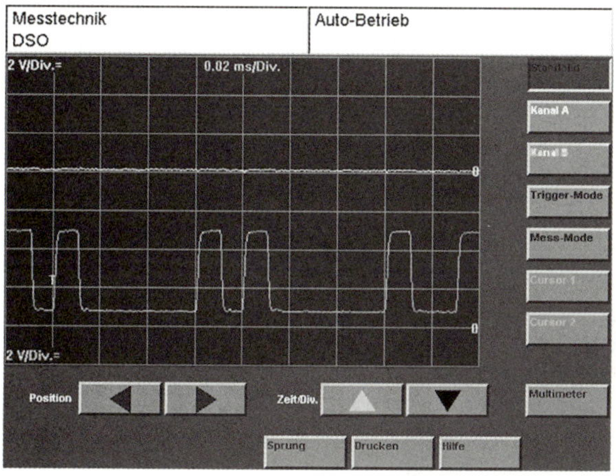

分析过程：

CAN_H 线（上面曲线）信号电压为端电压（0V）

结论：

CAN_H 线对地短路

图 2-8　CAN_H 线对地短路

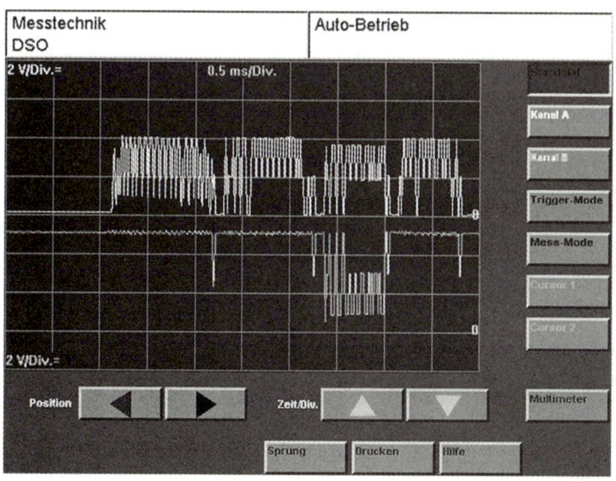

分析过程：

CAN_L 线（下面曲线）偶尔输出信号波形正常，偶尔信号电压为 5V

结论：

CAN_L 线单独断路

图 2-9　CAN_L 线单独断路

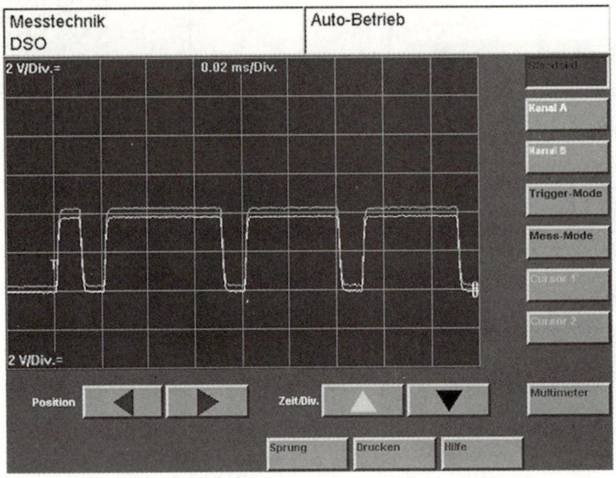

分析过程：

CAN_H 线和 CAN_L 线输出信号波形一样

结论：

CAN_H 线和 CAN_L 线相互短路

图 2-10　CAN_H 线和 CAN_L 线相互短路

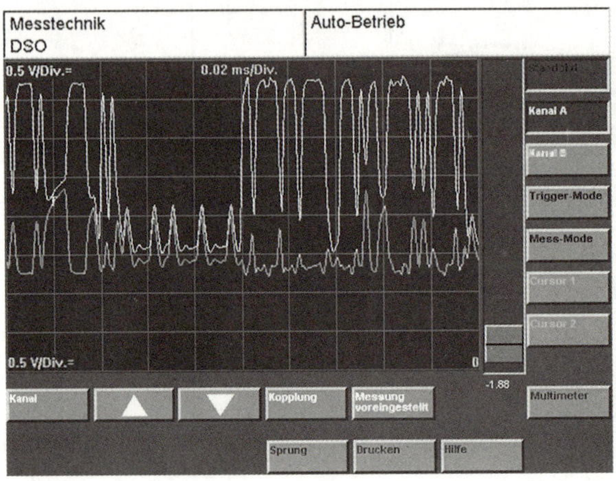

分析过程：

CAN_H 线（上面曲线）输出信号波形不正常

结论：

CAN_H 线单独断路

图 2-11　CAN_H 线单独断路

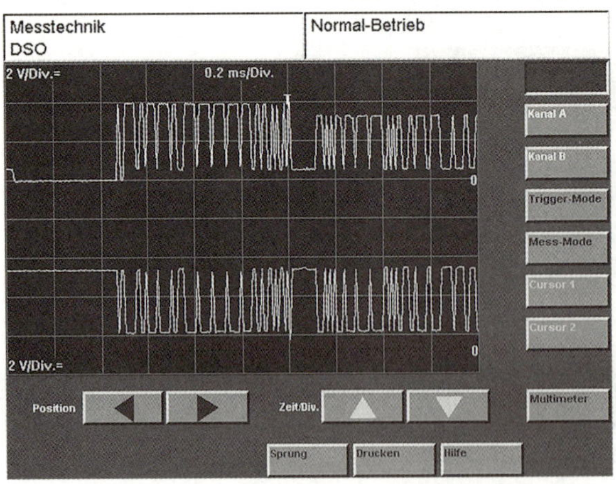

分析过程：

CAN_H 线和 CAN_L 线的输出信号波形杂乱

结论：

CAN_H 线和 CAN_L 线接反

图 2-12　CAN_H 线和 CAN_L 线接反

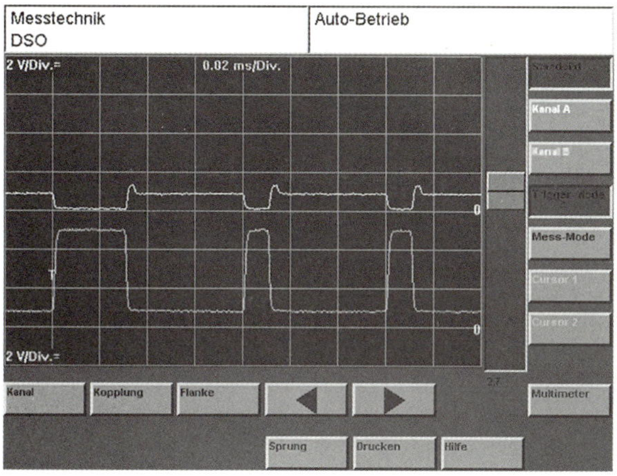

分析过程：

CAN_H 线（上面曲线）的输出信号电压达不到其标准电压，比标准电压低

结论：

CAN_H 线对地短路但带电阻，阻值越大，波形越趋于正常，阻值越小，波形越趋于平缓

图 2-13　CAN_L 线对地短路但带电阻

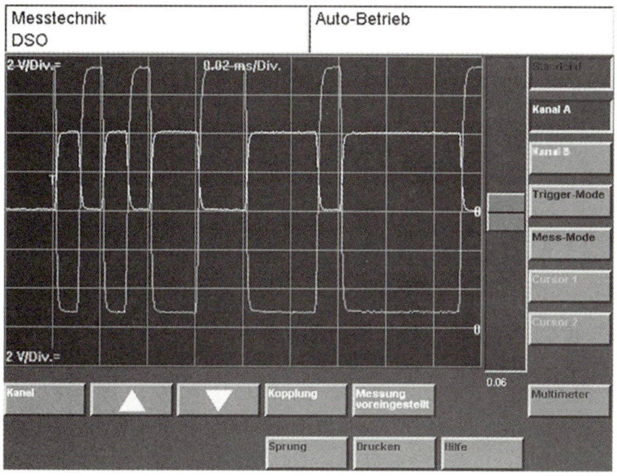

分析过程：

CAN_L 线（波动幅度较大的曲线）输出信号电压为端电压（12V）

结论：

CAN_L 线对正极短路且带电阻

图 2-14　CAN_L 线对正极短路且带电阻

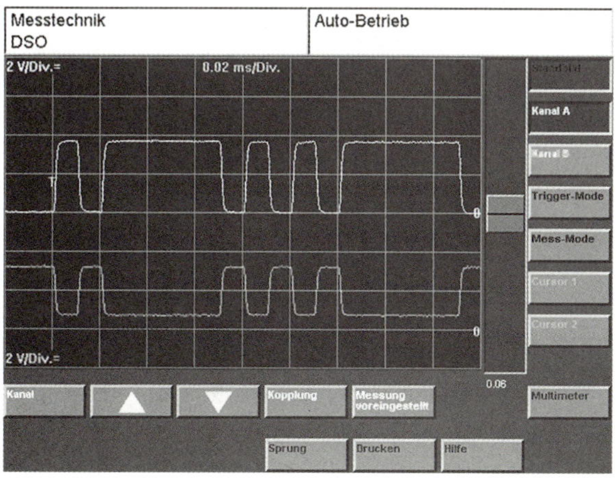

分析过程：

CAN_L 线（下面曲线）输出信号电压过低

结论：

CAN_L 线对接电阻对地短路

图 2-15　CAN_L 线对接电阻对地短路

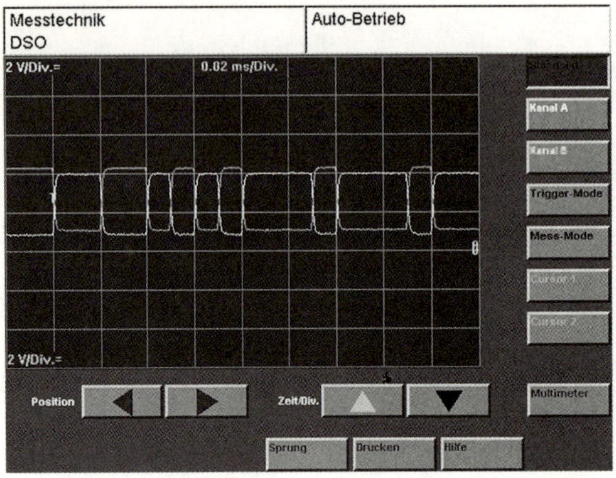

分析过程：

CAN_H 线和 CAN_L 线输出信号的波形正常，但两根线上的输出信号电压与标准电压不匹配

结论：

CAN_H 线和 CAN_L 线通过电阻短路

图 2-16　CAN_H 线和 CAN_L 线通过电阻短路

任务实施

完成 1+X 任务工单二的任务与记录。

1+X 任务工单二

<table>
<tr><td>项目</td><td colspan="3">诊断记录</td><td colspan="2"></td><td></td></tr>
<tr><td>故障现象描述</td><td colspan="3"></td><td colspan="2"></td><td></td></tr>
<tr><td rowspan="4">故障范围分析</td><td colspan="3">确认故障症状并记录症状现象</td><td colspan="2"></td><td></td></tr>
<tr><td colspan="3">1.</td><td colspan="2"></td><td></td></tr>
<tr><td colspan="3">2.</td><td colspan="2"></td><td></td></tr>
<tr><td colspan="3">3.</td><td colspan="2"></td><td></td></tr>
<tr><td rowspan="3">相关故障码及数据流分析</td><td colspan="6">故障码读取及分析（与故障无关可不填写）</td></tr>
<tr><td>故障灯</td><td>故障码</td><td colspan="2">故障说明</td><td colspan="2">故障码出现原因说明</td></tr>
<tr><td>◎点亮◎不亮◎闪烁</td><td></td><td colspan="2"></td><td colspan="2"></td></tr>
</table>

续表

项目	诊断记录		
相关故障码及数据流分析	故障码相关数据流读取及分析（与故障无关可不填写）		

序号	检测项目	数据	判断	判断说明
1			◎正常 ◎异常	
2			◎正常 ◎异常	
3			◎正常 ◎异常	
4			◎正常 ◎异常	
5			◎正常 ◎异常	
6			◎正常 ◎异常	
7			◎正常 ◎异常	
8			◎正常 ◎异常	

故障诊断步骤

性能检测（与故障无关可不填写）

选用设备/工具：____________________

检测部件/系统：____________________

检测项目	检测数据	判断	相关维修资料
		◎正常 ◎异常	第__章__节__页
		◎正常 ◎异常	第__章__节__页
		◎正常 ◎异常	第__章__节__页

分析说明	
	故障部件：（请写明元件名称）
	故障原因：

其他：__________（与故障无关可不填写）

选用设备/工具：____________________

检测部件/系统：____________________

部件电路编号	线路区间	检测数据	判断	相关维修资料
			◎正常◎异常	第__章__节__页
			◎正常◎异常	第__章__节__页
			◎正常◎异常	第__章__节__页

分析说明	
	故障位置/线路/部件： 故障原因：

思考与总结

1. 填空题

1）动力 CAN 总线信号电压有________和________两种状态，显性代表 0，隐性代表________，由动力 CAN 收发器决定。

2）CAN_H 线显性电压为________V，隐性电压为________V，CAN_L 线显性电压为 1.5V，隐性电压为________V。

3）图 2-17 中动力 CAN 总线是________故障。

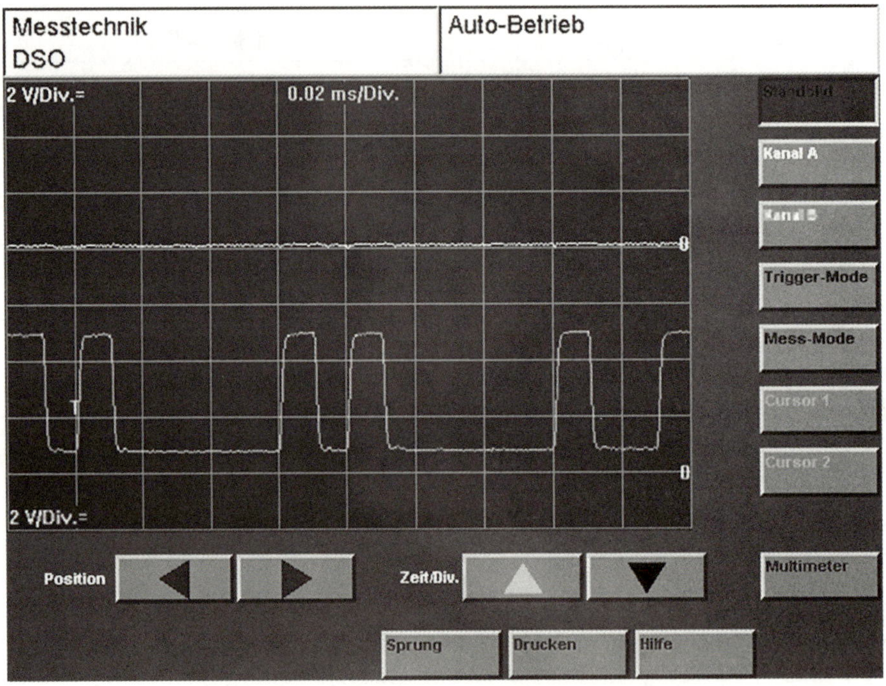

图 2-17　动力 CAN 总线故障示意图

2. 判断题

1）动力 CAN 总线对地短路不会影响通信。（　　）

2）动力 CAN 总线可以在单线模式下通信。（　　）

3）在动力 CAN 总线中，CAN_H 线的隐性电压为 2.8V，CAN_L 线的隐性电压为 2.2V。（　　）

3. 单项选择题

动力 CAN 总线常见故障描述错误的是（　　）。

A．CAN_L 线对正极短路

B．CAN_H 线和 CAN_L 线相互短路

C．CAN_H 线和 CAN_L 线接反

D．CAN_H 线的显性电压为 2.5V，CAN_L 线的显性电压为 2.5V

4. 任务学习后总结及建议

____

____

____

____

____

5. 任务评价

评价内容	扣分标准	任务评价	任务得分
操作错误次数	操作不正确一次扣 5 分	20 分	
记录数据	记录不正确一次扣 5 分	10 分	
故障排除情况	教师根据故障排除的难易程度评分	40 分	
课后思考题	按百分比评分	20 分	
任务学习后总结及建议	不少于 100 字	10 分	
总排名分数	以上总计得分	100 分	

知识拓展

测量动力 CAN 总线的波特率

首先将示波器与汽车动力 CAN 总线的接口相连，然后测出动力 CAN 总线的波特率。测量动力 CAN 总线波特率的步骤如下。

步骤1：将示波器的两个接口（接地和探头）分别接在动力 CAN 总线的两条线（CAN_H 线和 CAN_L 线）上，这里需要注意的是，动力 CAN 总线上需要接一个 120Ω 的负载电阻，否则波形是不规整方波，接上负载之后才是规整的方波。

步骤2：此时如果动力 CAN 总线上有数据，则会在示波器上显示出方波，如图 2-18 所示。

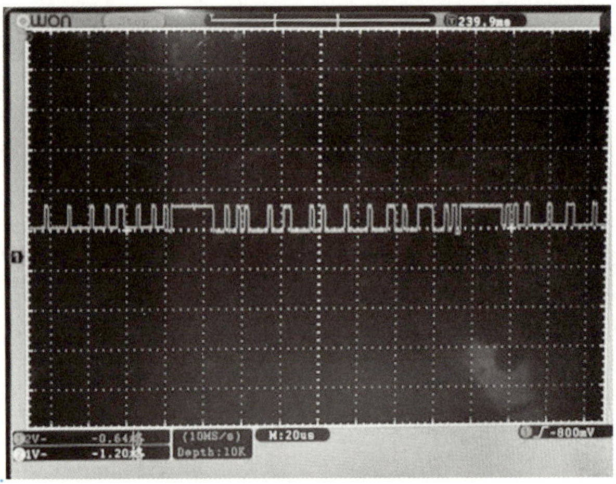

图 2-18　从汽车上采集到的波形

这里使用示波器的 RUN/STOP 按钮捕捉波形。

步骤3：此时因为示波器显示的数据太多，还无法读取单个脉冲的周期，所以需要调节示波器的 X 轴每格所代表的周期（调节 SEC/DIV 旋钮），然后使用 RUN/STOP 按钮重新捕捉波形，如图 2-19 所示。

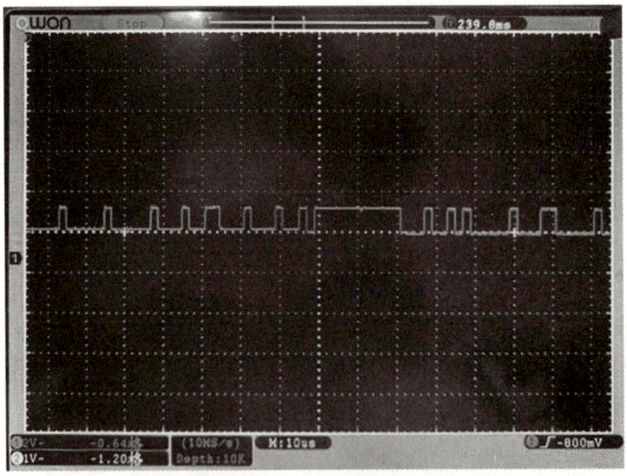

图 2-19　第 1 次调整后的波形

步骤4：最后将图 2-19 中宽度较小的脉冲再次放大（调节 SEC/DIV 旋钮），直到波形如图 2-20 所示，这时每格代表 1μs。从图 2-20 中可以看到这个脉冲跨度为 8μs，所以最终得到该 CAN 总线的波特率为 1s/8μs=125K（Baud）。

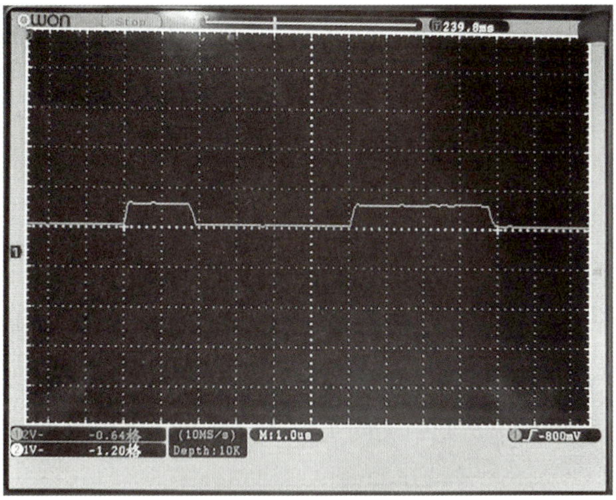

图 2-20　最终调出的标准波形

项目三
中央网关控制系统的诊断分析

项目描述

中央网关控制系统可以将主总线相互连接，如连接 FlexRay、Most 或 K-CAN。中央网关控制系统的网关功能可以实现不同总线之间的数据交换，如果通过 D-CAN（诊断 CAN）总线连接诊断系统，则中央网关控制系统可将诊断系统的查询信息传递给内部总线。

本项目主要介绍 CAN 通信协议的基本要素和基本术语，CAN 通信协议的规范，CAN 通信协议的分层结构和功能，CAN 的报文及结构，CAN 通信协议规定的同步类型。

通过本项目学习，结合 1+X 新能源汽车网关控制娱乐系统技术（中级）要求，掌握新能源汽车中央网关控制系统的诊断与分析，能够正确理解网络之间的传输协议。

学习目标

知识目标	能力目标	思政要素和职业素养目标
1．了解 CAN 通信协议； 2．掌握 CAN 通信协议基本术语； 3．掌握 CAN 的报文及结构	1．能正确理解 CAN 通信协议； 2．能对新能源汽车中央网关控制系统故障进行诊断和分析	1．树立正确的学习观、价值观，自觉践行行业道德规范； 2．遵规守纪，团结协作，爱护设备，钻研技术； 3．发扬一丝不苟、精益求精的工匠精神
对接 1+X 新能源汽车网关控制娱乐系统技术（中级）模块		

情景引入

如果你是一名新能源汽车维修技师，当用示波器测量出波形后，你能否判断出波形是否正常？你能否根据波形判断出内部传输的是什么？如何规定传输信息的可靠性？

知识链接

一、通信协议

1. 通信协议简介及其要素

要实现汽车内各网关之间的通信，必须制定规则以保证通信双方能够相互配合，即通信协议，其通信方法、通信时间和通信内容是通信双方都能遵守、可接受的。数据总线的通信协议采用优先权的处理机制。

通信协议也称传输协议，它是控制通信实体间有效完成信息交换的一组约定和规则。换句话说，要想交流成功，通信双方必须“说同样的语言”（如相同的语法规则和语速等）。

通信协议犹如交通规则，包括“交通标志”的制定方法。通信协议包含唤醒访问和握手。唤醒访问就是给处于休眠状态的模块一个激活信号，握手就是模块间的相互确认兼容并使各模块处于工作状态。

协议的三要素如下。

1）语法：确定通信双方之间“如何讲”，即通信信息帧的格式。

2）语义：确定通信双方之间“讲什么”，即通信信息帧的数据和控制信息。

3）定时规则：确定事件传输的顺序及速率匹配。

2. 基本术语

（1）报文

CAN 总线上的报文以不同的固定报文格式发送，但长度受限。当 CAN 总线空闲时，任何连接在总线上的单元都可以开始发送新的报文。

（2）信息路由

在 CAN 系统中，一个 CAN 节点不使用有关系统结构的任何信息（如站地址）。信息路由包含以下重要概念。

1）系统灵活性：节点可在不要求所有节点及其应用层改变任何软件或硬件的情况下，接入 CAN。

2）成组：由于采用了报文滤波，因此所有节点均可接收报文，同时被相同的报文激活。

3）数据相容性：在 CAN 中，可以确保报文同时被所有节点或没有节点接收，因此，系统的数据相容是借助成组和出错处理机制实现的。

（3）位速率

不同的系统，CAN 的速率不同。在一个给定的系统中，位速率是唯一的，并且是固定的。

（4）优先权

在总线访问期间，识别符定义一个静态的报文优先权。

（5）远程数据请求

通过发送远程帧，需要数据的节点可以请求另一节点发送相应的数据帧。数据帧和相应的远程帧是由相同的识别符命名的。

（6）仲裁

只要总线空闲，任何单元都可以开始发送报文。具有较高优先权报文的单元可以获得总线访问权。如果两个或两个以上的单元同时开始传送报文，那么就会有总线访问冲突，如图 3-1 所示。

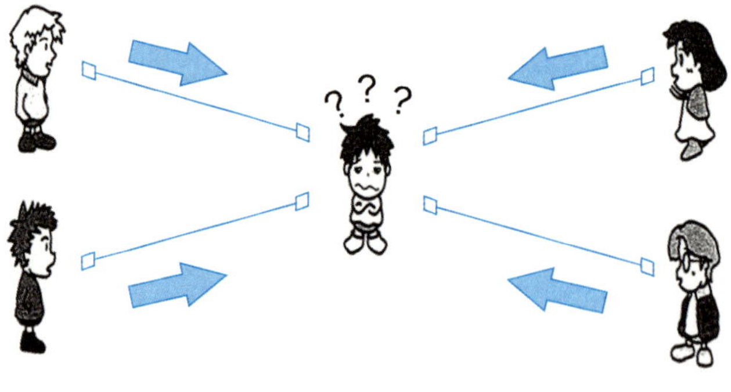

图 3-1　总线访问冲突

仲裁的机制确保了报文和时间均不损失。当具有相同识别符的数据帧和远程帧同时初始化时，数据帧优先于远程帧。

在仲裁期间，每一个发送器都对发送位的电压与被监控的总线电压进行比较。如果这两个电压相同，则这个单元可以继续进行发送。如果发送的是一隐性电压而监视的是一显性电压（总线值），那么该单元就失去了仲裁，必须退出发送状态。

仲裁协调过程如图 3-2 所示。

图 3-2　仲裁协调过程

（7）错误检测

要进行错误检测，必须采取以下措施。

1）监视（发送器对发送位的电压与被监控的总线电压进行比较）。

2）检查循环冗余。

3）进行位填充。

4）检查报文格式。

（8）故障界定

CAN 节点能够把永久性故障和短暂扰动区别开。故障的节点会被关闭。

（9）总线值

总线有两个互补的逻辑值：显性或隐性。当显性位和隐性位同时传送时，总线值为显性。例如，当总线的“写–与”执行时，逻辑 0 代表显性，逻辑 1 代表隐性。

（10）应答

所有的接收器都会检查报文的连贯性。对于连贯的报文，接收器做出应答；对于不连贯的报文，接收器做出标志。

二、CAN 通信协议规范

CAN 通信协议为串行通信协议，能有效支持具有很高安全等级的分布实时控制。CAN 通信协议的应用范围很广，从高速的网络到低价位的多路接线，它们都可以使用 CAN 通信协议。在汽车电子行业中，使用 CAN 总线连接发动机控制单元、传感器、防锁死刹车系统等，其数据传输速率可达 1Mb/s。同时，可以将 CAN 总线安装在卡车本体的电子控制系统中，如车灯组、电气车窗等，用以代替接线配线装置。

技术规范的目的是在任何两个 CAN 仪器之间建立兼容性。但是，兼容性有不同的方面，如电气特性和数据转换的解释。为了达到设计透明度，以及实现灵活性，根据 ISO/OSI 参考模型，CAN 2.0 通信协议细分为不同的层次（数据链路层和物理层），如图 3-3 所示。

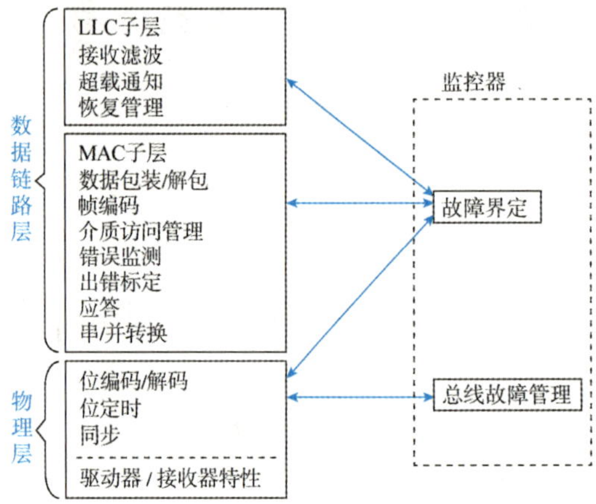

LLC（logical link control，逻辑链路控制）；MAC（medium access control，介质访问控制）。

图 3-3　CAN 2.0 通信协议分层结构和功能

在早期版本的 CAN 通信协议中，数据链路层的 LLC 子层和 MAC 子层的服务及功能分别被解释为对象层和传输层。LLC 子层的作用如下。

1）为远程数据请求及数据传输提供服务。

2）确定实际要使用的 LLC 子层接收哪一个报文。

3）为恢复管理和过载通知提供手段。

MAC 子层的作用主要是传送规则，即控制帧结构、执行仲裁、检测错误、出错标定、故障界定等。位定时的一些普通功能也可以看作 MAC 子层的一部分。物理层的作用是在不同节点之间根据所有的电气属性进行位的实际传输。

CAN 通信协议属性如下。

1）报文的优先权。

2）保证延迟时间。

3）设置灵活。

4）时间同步的多点接收。

5）系统内数据的连贯性。

6）多主机。

7）错误检测和标定。

8）只要总线处于空闲，就自动将破坏的报文重新传输。

9）将节点的暂时性错误和永久性错误区分开，并且可以自动关闭由 ISO/OSI 参考模型分层 CAN 结构导致的错误节点。

依据 ISO/OSI 参考模型的层结构具有以下功能。

1）物理层定义信号是如何实际传输的，因此涉及位时间、位编码、同步的解释。技术规范没有定义物理层的驱动器/接收器特性，以便允许根据它们的应用，对发送媒体和信号电平进行优化。

2）MAC 是 CAN 通信协议的核心。MAC 子层把接收到的报文提供给 LLC 子层，并接收来自 LLC 子层的报文。MAC 子层负责报文分帧、仲裁、应答、错误检测和标定。MAC 也被称为故障界定的管理实体监管。MAC 子层涉及的故障界定采用的是自检机制，以便把永久故障和短时扰动区别开。

3）LLC 子层涉及报文滤波、过载通知、管理恢复。

三、CAN 的报文及结构

CAN 的报文格式说明如下。

CAN 的报文分为信息和数据两部分。

头 2 字节为信息部分，其前 11 位为标识符。标识符中的前 8 位用作接收判断，应包含本信息包的目的站地址。

信息部分后面是 RTR 位（应设为 0），之后是 4 位的 DLC（数据长度位，即所发送数据的实际长度，单位为字节）。

其余 8 字节是数据部分，存有实际要发送的数据。CAN 的报文及结构如图 3-4 所示。

	7	6	5	4	3	2	1	0
字节1	标识符（高8位）							
字节2	标识符			RTR	DLC			
字节3	数据							
字节4	数据							
字节5	数据							
字节6	数据							
字节7	数据							
字节8	数据							
字节9	数据							
字节10	数据							

图 3-4　CAN 的报文及结构

在进行数据传送时，发出报文的单元称为该报文的发送器。该单元在总线空闲或丢失仲裁前恒为发送器。如果一个单元不是报文发送器，并且总线不处于空闲状态，则该单元为接收器。

对于报文发送器和报文接收器，报文的实际有效时刻是不同的。对报文发送器而言，如果直到帧结束的最后一位一直未出错，则报文有效；如果报文受损，则将允许按照优先权顺序自动重发送。为了能同其他报文进行总线访问竞争，总线一旦空闲，重发送立即开始。

对报文接收器而言，如果直到帧结束的最后一位一直未出错，则报文有效。

数据帧：为了可靠地传输数据，通常将原始数据分割成一定长度的数据单元，该数据单元称为数据帧。一帧数据内应包括同步（起始与结束）信号、错误控制、流量控制、数据、寻址等信息。帧格式如图 3-5 所示。

开始	鉴别	通信	信息	检查	ACK	结束

图 3-5　帧格式

四、同步

CAN 总线的位同步只有在节点检测到隐性位（逻辑 1）到显性位（逻辑 0）的跳变时才会产生，当跳变沿不位于位周期的同步段之内时，将会产生相位误差，该相位误差是跳变沿与同步段结束位之间的距离。

如果跳变沿发生在同步段之后、采样点之前，则相位误差为正；如果跳变沿位于同步段之前、采样点之后，则相位误差为负。

相位误差源于网络节点的振荡器漂移、网络节点之间的传播延迟及噪声干扰等。CAN 通信协议规定了两种类型的同步：硬同步和重同步。

（1）硬同步

硬同步只在总线空闲时通过一个下降沿（帧起始）来完成，此时不管有没有相位误差，所有节点的位时间重新开始。强迫引起硬同步的跳变沿位于重新开始的位时间的同步段之内。

（2）重同步

在消息帧的随后位中，每当有从隐性位到显性位的跳变，并且该跳变落在同步段之外时，就会引起一次重同步。重同步机制可以根据跳变沿，通过延长或缩短位时间来调整采样点的位置，从而保证正确采样。

CAN 协议的位填充机制除实现了仲裁场、控制场、数据场和 CRC 序列的数据透明性外，还增加了从隐性位到显性位跳变的机会，即增加了重同步的数量，提高了同步质量。隐性电压和显性电压如图 3-6 所示。

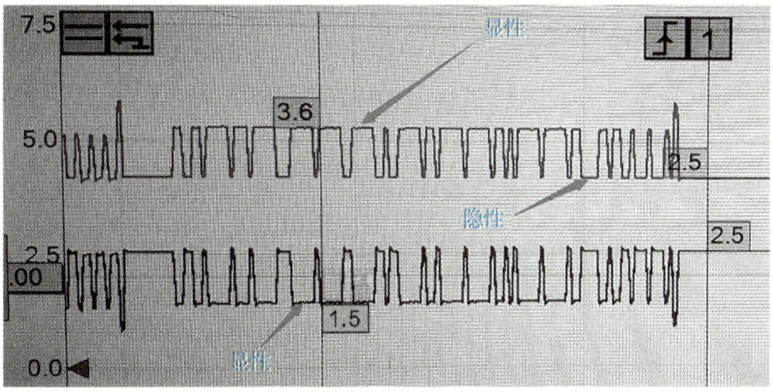

图 3-6　隐性电压和显性电压

图 3-6 中的 CAN 波形由多组矩形组成，一个矩形表示一个动力 CAN 数据包，其中包含帧起始、仲裁段、控制段、数据段、CRC 段、ACK 段和帧结束。动力 CAN 数据包如图 3-7 所示。

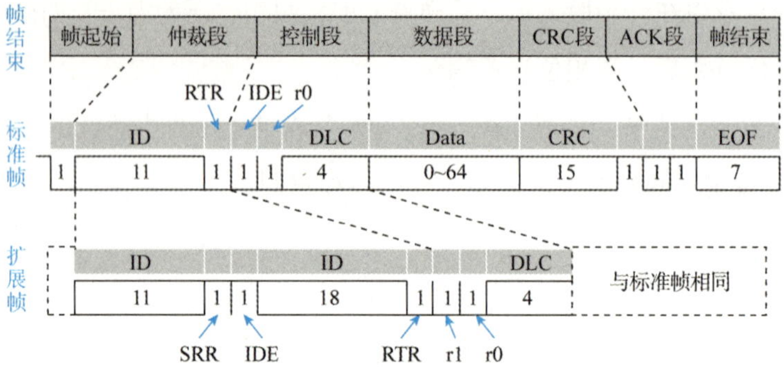

图 3-7　动力 CAN 数据包

展开的某个 CAN 数据包如图 3-8 所示。

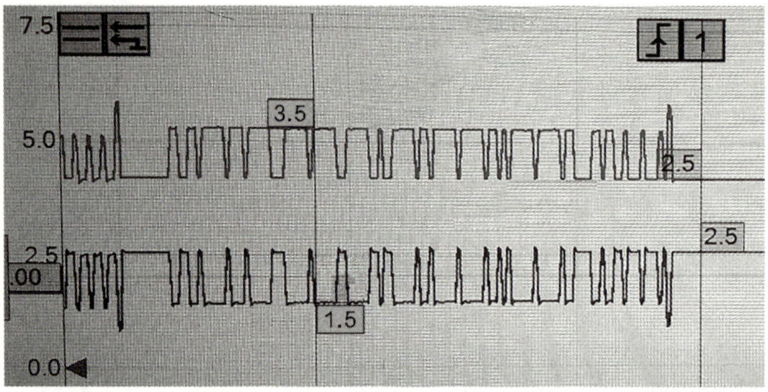

图 3-8　展开的某个 CAN 数据包

在图 3-8 中，上面的波形是 CAN_H 线的，它的电压有两种状态，显性电压为 3.5V，隐性电压为 2.5V；下面的波形是 CAN_L 线的，它的电压也有两种状态，隐性电压为 2.5V，显性电压为 1.5V。

如果 CAN_H 线上的电压是 3.5V，那么 CAN_L 线上的电压就是 1.5V，也就是说，CAN_H 线与 CAN_L 线的电压差为 2.0V 时，该状态称为动力 CAN 总线的显性状态，代表数据 0。

如果 CAN_H 线的电压为 2.5V，那么 CAN_L 线的电压也为 2.5V，两根 CAN 总线的电压相等，电压差为 0V，该状态称为动力 CAN 总线的隐性状态，代表数据 1。CAN 总线不传数据时的状态就是隐性状态。

任务实施

完成1+X任务工单三的任务与记录。

1+X任务工单三

1）查询维修手册（参考帝豪EV450网络拓扑图），画出动力CAN总线网络拓扑结构图。

2）动力模块参数记录。

模块名称	CAN_L线针脚号	CAN_H线针脚号	CAN_L线电压	CAN_H线电压	结果判断（正常/异常）

3）动力控制模块（指定针脚）波形检测及绘制。

波形绘制：

检测通道：		检测部件插头针脚及颜色：
检测工况：熄火◎	怠速◎	每格电压：
最大信号电压值：		脉宽时间：
波形判定：正常◎	异常◎	

思考与总结

1. 填空题

1）CAN 通信协议规定了两种类型的同步：________和________。

2）CAN 总线有两个互补的逻辑值：________和________。

3）CAN 2.0 通信协议细分为不同的层次：________和________。

2. 判断题

1）网关的诊断作用：使连接在不同数据总线上的控制单元能够交换数据。（　　）

2）CAN 通信协议可根据不同特性分为直接型/间接型、单体型/结构化型、对称型/不对称型、标准型/非标准型等。（　　）

3）在 CAN 的报文中，对信息帧没有检错机制。（　　）

3. 单项选择题

1）在汽车网络中，用（　　）来约定各模块的优先权。

A. 数据总线　　B. 通信协议　　C. 总线速率

2）在汽车网络参考模型中，数据的差错控制由（　　）实现。

A. 物理层　　B. 数据链路层　　C. 应用层

3）在汽车网络参考模型中，使用什么样的插头和插座由（　　）协议规定。

A. 物理层　　B. 数据链路层　　C. 应用层

4）CAN 的报文采用短帧结构，保证了数据在传输时（　　）。

A. 传输时间长，受干扰概率低，数据出错率低

B. 传输时间短，受干扰概率低，数据出错率低

C. 传输时间长，受干扰概率高，数据出错率高

D. 传输时间短，受干扰概率高，数据出错率低

4. 任务学习后总结及建议

____

____

____

____

____

____

____

5. 任务评价

评价内容	扣分标准	任务评价	任务得分
操作错误次数	操作不正确一次扣 5 分	20 分	
记录数据	记录不正确一次扣 5 分	10 分	
故障排除情况	教师根据故障排除的难易程度评分	40 分	
课后思考题	按百分比评分	20 分	
任务学习后总结及建议	不少于 100 字	10 分	
总排名分数	以上总计得分	100 分	

知识拓展

通过波形解析 CAN 总线数据

利用标准的 CAN 设备产生的 CAN 信号（扩展帧发送数据 ID=0x11121181，Data=0x060x08）的波形如图 3-9 所示，示波器的探头连接的是 CAN_H 线，探头的夹子连接的是 CAN_L 线。

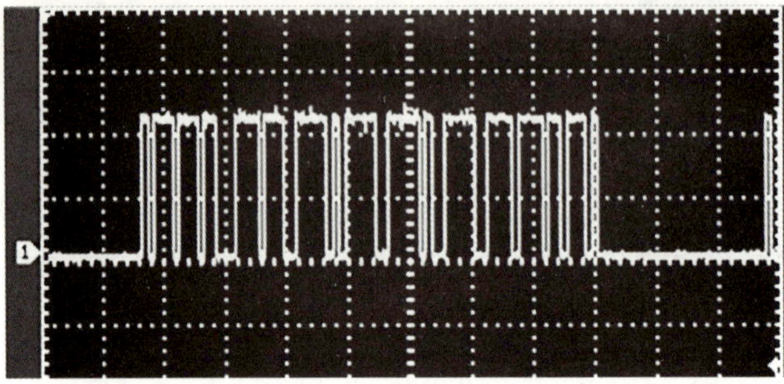

图 3-9　示波器显示波形

根据图 3-9 所示的波形，利用波特率解析读取到的数据为

1011101110110001111011001111101011111001111101001111100111101111011011101

根据标准 CAN 2.0b 通信协议可以将该字符串解析出来。CAN 标准扩展协议如图 3-10 所示。

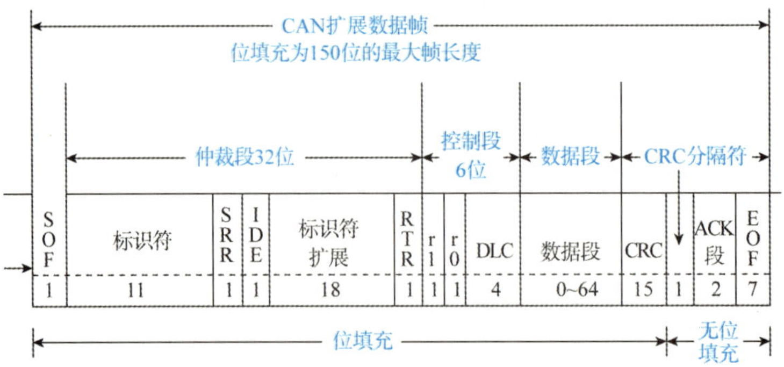

图 3-10　CAN 标准扩展协议

然后将数据根据格式划分成各有意义的字段，如图 3-11 所示，根据经验将高电平编码为 1，低电平编码为 0。但是在 CAN 通信协议中，将高电平定义为显性位，逻辑上定义为 0，将低电平定义为隐性位，逻辑上定义为 1。

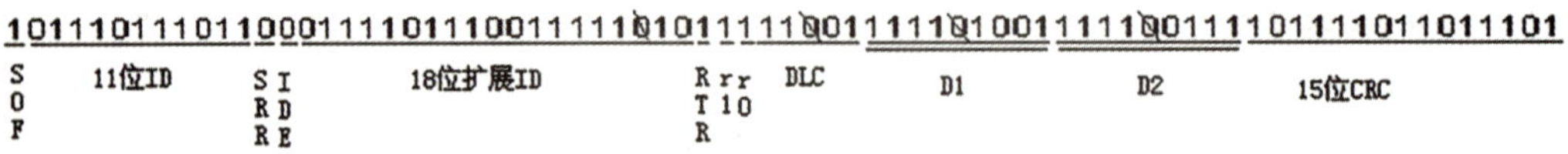

图 3-11　数据分割

在 CAN 通信协议中，当连续出现 5 个高电平时，就需要插入 1 个低电平，所以在解析的过程中需要将这些插入的数据删除，即图 3-11 中用斜线删除的数据。在删除这些数据后，根据图 3-10 所示的格式可以将各字段分割出来。

解析信息如下。

29 位 ID：0 1110 1110 1101 1110 1110 0111 1110。从右到左每 4 位为一个字段，这里需要将其转换为 CAN 通信协议定义的逻辑电平的形式，即将 0 变为 1，将 1 变为 0，这样更符合我们日常的编码习惯。解析出来的 ID=0x11121181，与我们发送的数据是相符的。

DLC：1101 转换成十进制为 2，表示这一帧中有两个数据，接下来的 16 字节便表示两个数据，即 D1（11111001）=0x06，D2（11110111）=0x08。

这样便解析出了我们需要的数据，与发送的数据一致。

这里需要注意如下两点。

1）在 CAN 通信协议中，当连续出现 5 个高电平时，就需要插入 1 个低电平。

2）在 CAN 通信协议中，将 CAN_H 线和 CAN_L 线的电压差值为高电平时定义为显性，逻辑上表示为 0，差值为低电平时定义为隐性，逻辑上表示为 1。

项目四
中央底盘网关系统的诊断分析

项目描述

随着汽车电动化、智能化的发展，由机械悬架、机械转向、机械制动等系统组成的传统燃油汽车底盘已经不能满足汽车发展的需要，尤其是新能源汽车的发展需要。新能源汽车底盘各系统主要是靠电动机带动的，由此产生了电动悬架、电动转向、电子制动。它们皆是通过总线网络进行控制的，而网关就是彼此信息交换的枢纽。

本项目主要介绍网关具有的作用，网关的类型，网关的控制，诊断插座，诊断插座的接口。

通过本项目学习，结合1+X新能源汽车网关控制娱乐系统技术（中级）要求，掌握新能源汽车中央底盘网关的类型和作用，能够正确对中央底盘网关进行检测维修。

学习目标

知识目标	能力目标	思政要素和职业素养目标
掌握网关的作用、类型及控制	1．能查阅维修资料，找到网关的安装位置； 2．能对网关故障进行诊断和检修	1．树立正确的学习观、价值观，自觉践行行业道德规范； 2．遵规守纪，团结协作，爱护设备，钻研技术； 3．发扬一丝不苟、精益求精的工匠精神
对接1+X新能源汽车网关控制娱乐系统技术（中级）模块		

情景引入

如果你是一名新能源汽车维修技师，客户反映中控仪表盘不能正常显示，如果需要你向客户详细介绍新能源汽车中控台的使用方法，你能完成这个任务吗？

知识链接

一、网关的作用、类型及控制

1. 网关的作用

网关用于将不同区域 CAN 总线传递的数据信息进行信息识别和传递速率的改变，使信息能从一个总线区域进入另一个总线区域，其作用具体体现在以下两方面。

（1）诊断作用

在不改变数据的情况下，网关将动力 CAN 总线、舒适 CAN 总线、信息娱乐 CAN 总线及仪表 CAN 总线的诊断信息传递到自诊断接口，如图 4-1 所示。

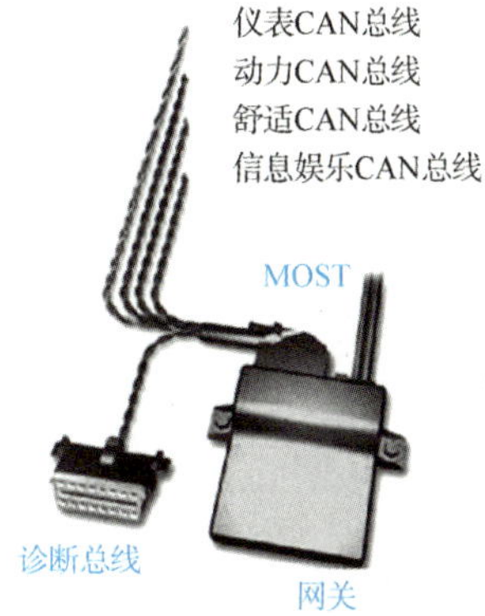

MOST（media oriented systems transport，面向媒体的系统传输）

图 4-1 网关的诊断作用

（2）数据传输作用

网关使连接在不同 CAN 总线上的控制单元能够交换数据，如图 4-2 所示。

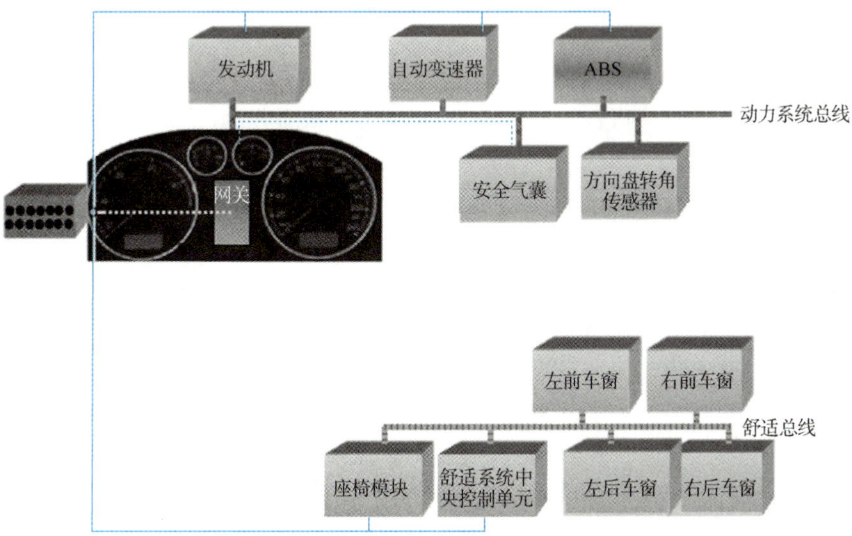

图 4-2 网关的数据传输作用

2. 网关的类型

网关按照安装位置不同可分为组合仪表内部的网关、控制单元内部的网关和单独的网关。

（1）组合仪表内部的网关

网关集成在组合仪表内部的电路上，如图 4-3 和图 4-4 所示。

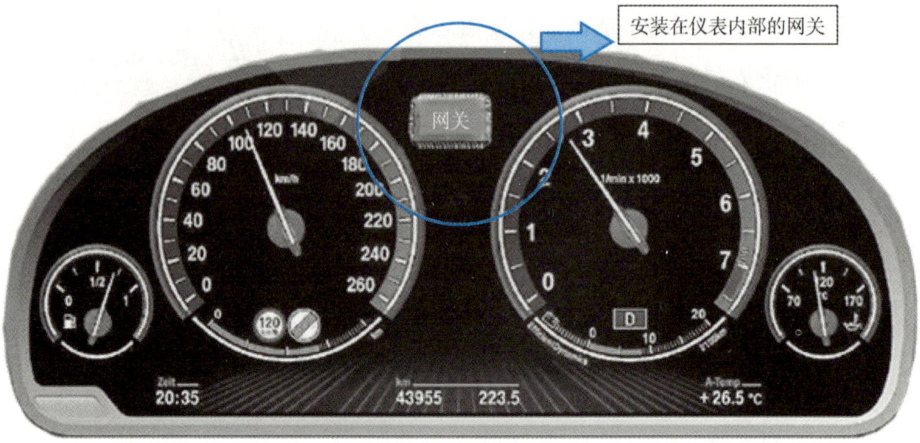

图 4-3　安装在仪表内部的网关

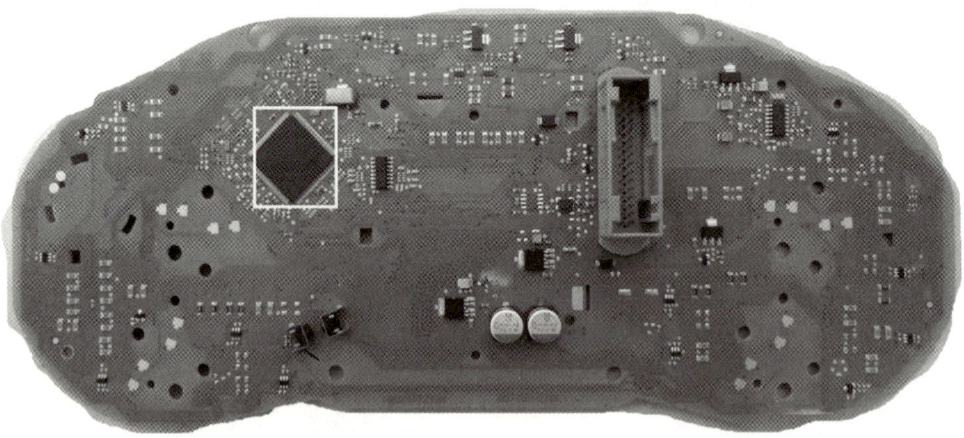

图 4-4　安装在仪表盘上的网关

（2）控制单元内部的网关

网关集成在控制单元内部的电路上，如图 4-5 所示。

图 4-5　安装在控制单元内部的网关

（3）单独的网关

单独使用的网关一般安装在仪表下方、加速踏板上方，如图 4-6 所示。

图 4-6　单独的网关

3. 网关的控制

（1）15 号线再激活

动力 CAN 总线在 15 号线关闭后，其中某些控制单元仍然需要交换信息，在控制单元内部，网关用 30 号线激活 15 号线，以确保断电后信息能正常传递，再激活功能的时间为 10s～15min。15 号线再激活原理示意图如图 4-7 所示。

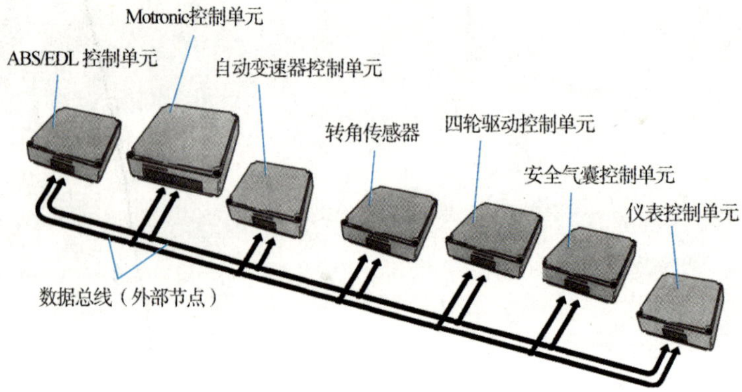

EDL（electronic differential system，电子差速系统）

图 4-7　15 号线再激活原理示意图

（2）总线休眠和唤醒模式监测

当舒适 CAN 总线和信息娱乐 CAN 总线处于空闲状态时，控制单元会发送休眠请求。当网关监测到所有总线都有休眠请求时，控制 CAN 总线进入休眠模式。此时，舒适 CAN 总线电压为：CAN_L=12V，CAN_H=0V。如果动力 CAN 总线仍处于信息传递过程中，则舒适 CAN 总线和信息娱乐 CAN 总线不允许进入休眠模式。当舒适 CAN 总线处于信息传递过程中时，信息娱乐 CAN 总线也不允许进入休眠模式。

（3）运输模式控制

在商品车运输到经销商处之前，为了防止蓄电池过多放电，车辆的某些功能将被关闭，这称为网关的运输模式控制。在运输模式下，收音机、内部监控系统、驻车加热的遥控接收器、车门上的二极管防盗指示灯等不工作。经销商在将车辆销售给用户前，必须使用诊断仪的自诊断功能关闭运输模式。当车辆行驶里程低于 150km 时，可以用网关切换运输模式；当车辆行驶里程高于 150km 时，系统自动关闭运输模式。处于运输模式中的车辆示意图如图 4-8 所示。

图 4-8 处于运输模式中的车辆示意图

二、诊断插座及其接口

当车辆使用 CAN 总线结构后，诊断仪必须使用对应的新型诊断线，否则无法读出相应的诊断信息。诊断插座用来连接诊断仪，其定义 4 脚、5 脚接地，6 脚为 CAN_H，7 脚为 K 线，14 脚为 CAN_L，16 脚为常电源。诊断插座接口针脚如图 4-9 所示。

图 4-9 诊断插座接口针脚

任务实施

完成 1+X 任务工单四的任务与记录。

1+X 任务工单四

<table>
<tr><td>项目</td><td colspan="3">诊断记录</td><td></td><td></td></tr>
<tr><td>故障现象描述</td><td colspan="3"></td><td></td><td></td></tr>
<tr><td rowspan="4">故障范围分析</td><td colspan="3">确认故障症状并记录症状现象</td><td></td><td></td></tr>
<tr><td colspan="3">1.</td><td></td><td></td></tr>
<tr><td colspan="3">2.</td><td></td><td></td></tr>
<tr><td colspan="3">3.</td><td></td><td></td></tr>
<tr><td rowspan="14">相关故障码及数据流分析</td><td colspan="5">故障码读取及分析（与故障无关可不填写）</td></tr>
<tr><td colspan="2">故障灯</td><td>故障码</td><td>故障说明</td><td>故障码出现原因说明</td></tr>
<tr><td colspan="2">◎点亮◎不亮◎闪烁</td><td></td><td></td><td></td></tr>
<tr><td colspan="5">故障码相关数据流读取及分析（与故障无关可不填写）</td></tr>
<tr><td>序号</td><td>检测项目</td><td>数据</td><td>判断</td><td>判断说明</td></tr>
<tr><td>1</td><td></td><td></td><td>◎正常 ◎异常</td><td></td></tr>
<tr><td>2</td><td></td><td></td><td>◎正常 ◎异常</td><td></td></tr>
<tr><td>3</td><td></td><td></td><td>◎正常 ◎异常</td><td></td></tr>
<tr><td>4</td><td></td><td></td><td>◎正常 ◎异常</td><td></td></tr>
<tr><td>5</td><td></td><td></td><td>◎正常 ◎异常</td><td></td></tr>
<tr><td>6</td><td></td><td></td><td>◎正常 ◎异常</td><td></td></tr>
<tr><td>7</td><td></td><td></td><td>◎正常 ◎异常</td><td></td></tr>
<tr><td>8</td><td></td><td></td><td>◎正常 ◎异常</td><td></td></tr>
</table>

续表

<table>
<tr><td>项目</td><td colspan="4">诊断记录</td><td></td><td></td></tr>
<tr><td rowspan="17">故障诊断步骤</td><td colspan="6">性能检测（与故障无关可不填写）</td></tr>
<tr><td colspan="6">选用设备/工具：________________</td></tr>
<tr><td colspan="6">检测部件/系统：________________</td></tr>
<tr><td>检测项目</td><td>检测数据</td><td colspan="2">判断</td><td colspan="2">相关维修资料</td></tr>
<tr><td></td><td></td><td colspan="2">◎正常　◎异常</td><td colspan="2">第__章__节__页</td></tr>
<tr><td></td><td></td><td colspan="2">◎正常　◎异常</td><td colspan="2">第__章__节__页</td></tr>
<tr><td></td><td></td><td colspan="2">◎正常　◎异常</td><td colspan="2">第__章__节__页</td></tr>
<tr><td rowspan="2">分析说明</td><td colspan="5">故障部件：（请写明元件名称）</td></tr>
<tr><td colspan="5">故障原因：</td></tr>
<tr><td colspan="6">其他：________（与故障无关可不填写）</td></tr>
<tr><td colspan="6">选用设备/工具：________________</td></tr>
<tr><td colspan="6">检测部件/系统：________________</td></tr>
<tr><td>部件电路编号</td><td>线路区间</td><td>检测数据</td><td colspan="2">判断</td><td>相关维修资料</td></tr>
<tr><td></td><td></td><td></td><td colspan="2">◎正常◎异常</td><td>第__章__节__页</td></tr>
<tr><td></td><td></td><td></td><td colspan="2">◎正常◎异常</td><td>第__章__节__页</td></tr>
<tr><td></td><td></td><td></td><td colspan="2">◎正常◎异常</td><td>第__章__节__页</td></tr>
<tr><td>分析说明</td><td colspan="5">故障位置/线路/部件：

故障原因：</td></tr>
</table>

思考与总结

1. 填空题

1）新能源汽车网关具有________、________作用。

2）新能源汽车网关诊断接口有________个针脚。

2. 判断题

1）当汽车网关出现故障时，可以用故障诊断仪进入车载系统读取故障码。（　　）

2）当汽车 CAN 总线进行休眠时，总线电平为低电平。（　　）

3. 单项选择题

如果动力 CAN 总线处于信息传递过程中，那么（　　）。

A．舒适 CAN 总线可以休眠　　B．信息娱乐 CAN 总线可以休眠

C．二者都能休眠　　D．二者都不能休眠

4. 任务学习后总结及建议

____

____

____

____

____

5. 任务评价

价内容	扣分标准	任务评价	任务得分
操作错误次数	操作不正确一次扣 5 分	20 分	
记录数据	记录不正确一次扣 5 分	10 分	
故障排除情况	教师根据故障排除的难易程度评分	40 分	
课后思考题	按百分比评分	20 分	
任务学习后总结及建议	不少于 100 字	10 分	
总排名分数	以上总计得分	100 分	

项目五
车身网关控制系统的检测维修

项目描述

目前，无论是传统燃油车还是新型电动车，其车载网络主要由 CAN 总线所集成的动力系统、娱乐系统和 LIN 总线所集成的舒适系统组成。传统车辆的车身舒适系统（如门窗、刮水器、扬声器等）主要依靠以继电器、熔断器和车身计算机板为代表的模拟电路进行控制，控制不精确且能耗较高，智能程度低。部分高档汽车将动力系统、娱乐系统及舒适系统都用 CAN 总线进行控制，成本较高。要大规模发展、推广新能源汽车，成本是必须考虑的因素。采用 LIN 总线控制的车身舒适系统能够降低能耗和减少用电线路，成本较低，控制精确，比较智能，已经广泛用于纯电动汽车的车身网络上。

本项目主要介绍 LIN 总线的结构组成，LIN 总线的应用，LIN 总线与 CAN 总线的区别，LIN 总线数据传输，LIN 总线电压分析，信息标题的格式，LIN 总线收发芯片。

通过本项目学习，结合 1+X 新能源汽车网关控制娱乐系统技术（中级）要求，掌握新能源汽车 LIN 总线的组成和作用，能够正确对 LIN 总线进行检测维修。

学习目标

知识目标	能力目标	思政要素和职业素养目标
1. 认识 LIN 总线电路； 2. 掌握 LIN 总线的作用及结构组成； 3. 掌握 LIN 总线数据传输原理	1. 能查阅维修资料，识读 LIN 总线电路； 2. 能对 LIN 总线数据传输波形进行分析； 3. 能对 LIN 总线故障进行检测	1. 树立正确的学习观、价值观，自觉践行行业道德规范； 2. 遵规守纪，团结协作，爱护设备，钻研技术； 3. 发扬一丝不苟、精益求精的工匠精神
对接 1+X 新能源汽车网关控制娱乐系统技术（中级）模块		

情景引入

如果你是一名新能源汽车维修技师，客户反映刮水器不工作，经初步检测，发现对应熔断器和 ECU 等没有损坏，客户急于知道故障原因，需要你进行解释，你能完成这个任务吗？

知识链接

一、LIN 总线的简介、结构组成和应用

1. LIN 总线的简介

解码器扫描系统

LIN（local interconnect network，局域互联网络）总线数据传输速度低，通常用于车身系统模块。LIN 总线系统也称局域网子系统。汽车上的 LIN 总线如图 5-1 所示。

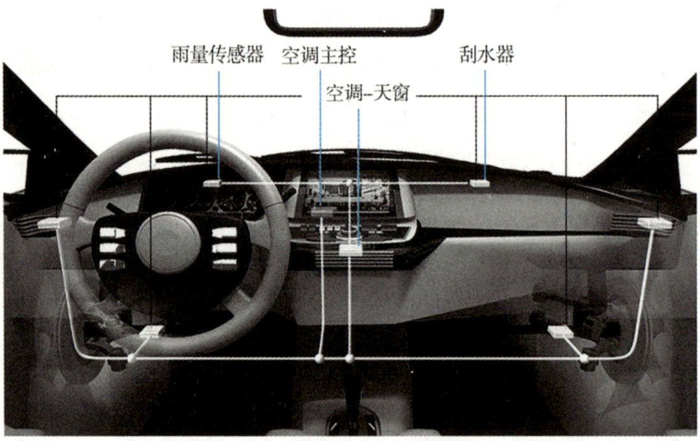

图 5-1　汽车上的 LIN 总线

新能源汽车诊断口波形测量

新能源汽车诊断口测量

从图 5-1 中可以看出，LIN 总线系统可以控制空调、刮水器系统。此外，LIN 总线系统还可以控制车窗升降系统。LIN 总线通过网关或控制单元与 CAN 总线系统相连接。

2. LIN 总线的结构组成

（1）LIN 总线的基本结构

LIN 总线的基本结构如图 5-2 所示。LIN 总线主要由一个主节点、一个或多个从节

点组成。主节点既可以执行主任务，也可以执行从任务；从节点只能执行从任务。LIN 总线上的信息传输由主节点控制。

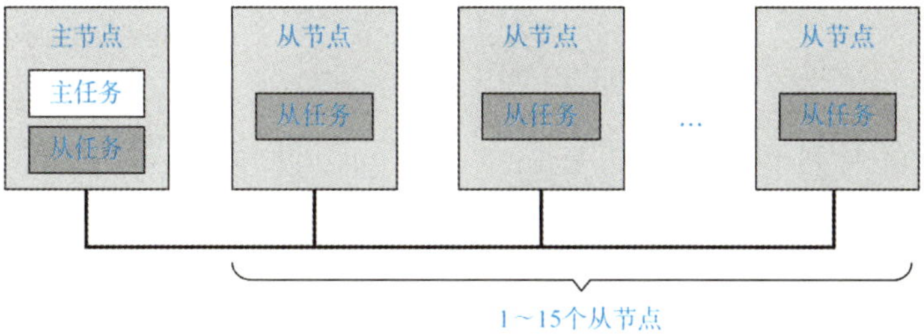

图 5-2　LIN 总线的基本结构

LIN 总线数据交换的方式主要有以下 3 种。

1）由主节点到一个或多个节点。

2）由一个从节点到主节点或其他从节点。

3）通信信号可以在从节点之间传输，而不经过主节点。

（2）LIN 总线主控制单元和从控制单元

1）LIN 总线主控制单元。LIN 总线主控制单元连接在 CAN 总线上，如图 5-3 所示。该单元是 LIN 总线中唯一与 CAN 总线相连接的控制单元，它执行 LIN 总线的主功能。每个 LIN 总线主控制单元最多可以连接 16 个从控制单元。

2）LIN 总线从控制单元。LIN 总线从控制单元的主要作用是接收或传递相关数据。在 LIN 总线系统内，单个的控制单元、传感器和执行元件都可以看作 LIN 总线从控制单元，如图 5-4 所示。

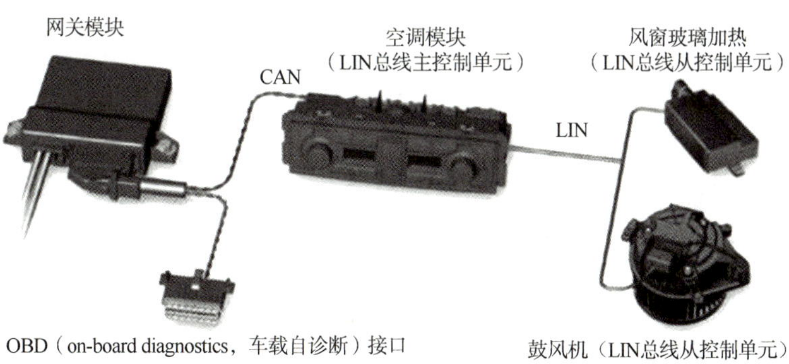

图 5-3　LIN 总线主控制单元

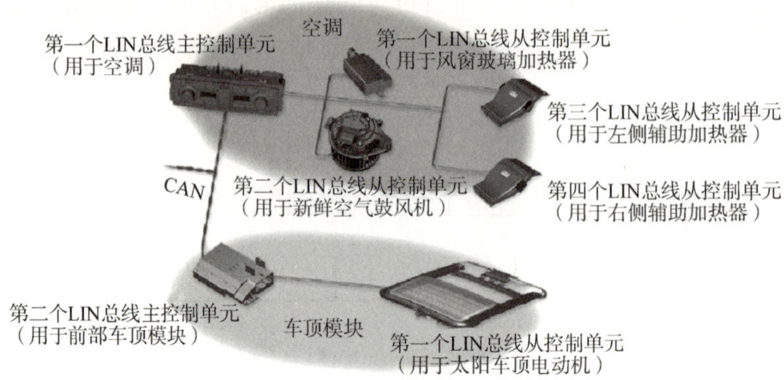

图 5-4　LIN 总线从控制单元

3. LIN 总线的应用

LIN 总线可用于电动车窗、电动座椅、自动空调、防盗系统、组合仪表盘、自动前照灯、湿度传感器、交流发电机及刮水器等。LIN 总线应用场合如图 5-5 所示。

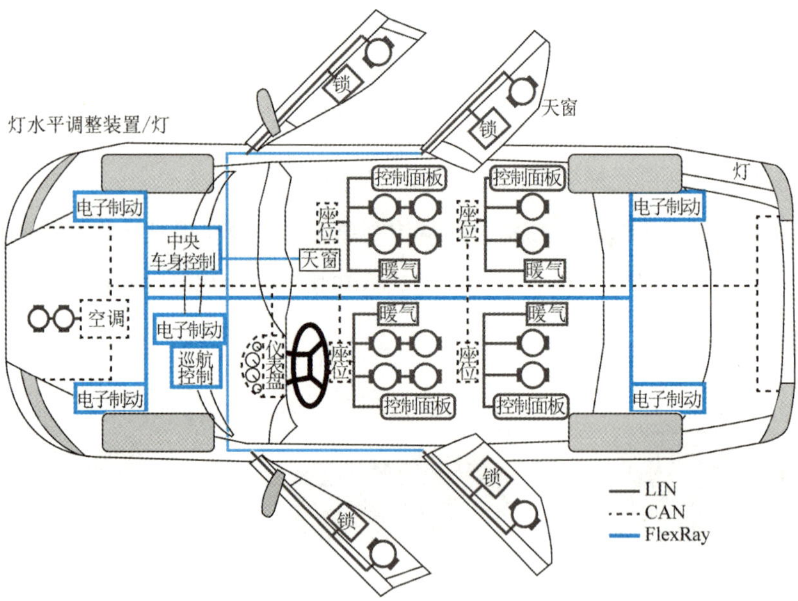

图 5-5　LIN 总线应用场合

二、LIN 总线与 CAN 总线的区别

LIN 总线与 CAN 总线的区别如表 5-1 所示。

表 5-1　LIN 总线与 CAN 总线的区别

类别	LIN 总线	动力 CAN 总线	舒适 CAN 总线
工作方式	单主/从方式	多主/从方式	多主/从方式
数据传输	单线传输	双线传输	双线传输
传输速率/（kb/s）	20	500	10
工作电压/V	12	0～5	0～5（12）
总线颜色	单线（紫色）	双绞线（橙棕色和橙黑色）	双绞线（橙棕色和橙绿色）

三、LIN 总线数据传输及波形分析

1. LIN 总线数据传输

LIN 总线只有在其子系统总是由主系统发送相应的信息标题要求时，才允许发送数据。LIN 总线所发送的数据可供每个 LIN 总线控制单元接收。LIN 总线数据传输流程如图 5-6 所示。在图 5-6 中，LIN（信息 1）表示主系统要求子系统 1 提供数据；LIN（信息 2）表示主系统要求子系统 2 提供数据；LIN（信息 3）表示主系统为子系统发送数据，如主系统向子系统 2 发送数据。

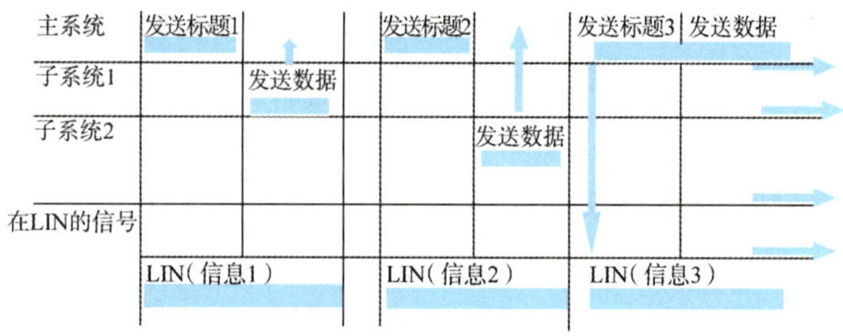

图 5-6　LIN 总线数据传输流程

图 5-7 所示为空调系统的 LIN 总线框图，数据传递过程如下。

（1）带有子反馈的空调装置 LIN 总线信息传递流程（图 5-8）

1）空调装置在 LIN 总线上发送标题，以查询制冷剂温度。

2）制冷剂压力和温度传感器 G395 读取标题，检修转换，然后将当时的制冷剂温度值放到 LIN 总线上。

3）制冷剂温度被空调装置识别。

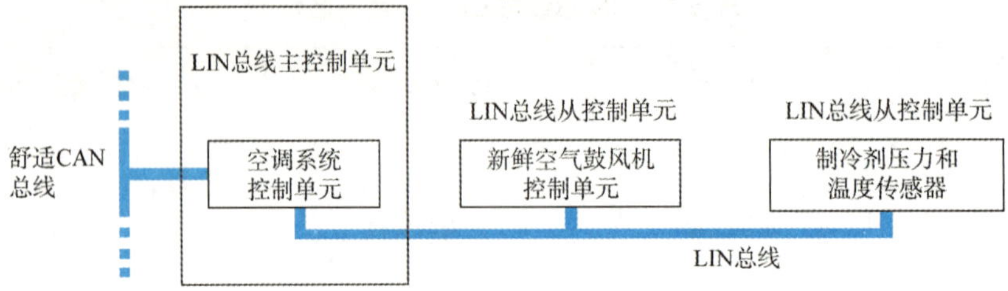

图 5-7　空调系统的 LIN 总线框图

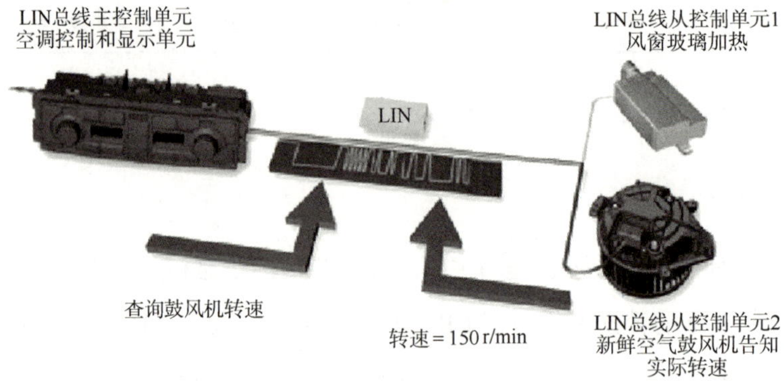

图 5-8　带有子反馈的空调装置 LIN 总线信息传递流程

（2）带有主反馈的空调装置 LIN 总线信息传递流程（图 5-9）

1）空调装置在 LIN 总线上发送标题。

2）所发送的标题用于新鲜空气鼓风机转速的调节。

3）空调装置发送用户设置的鼓风机转速。

4）新鲜空气鼓风机读取信息，相应地控制鼓风机转速。

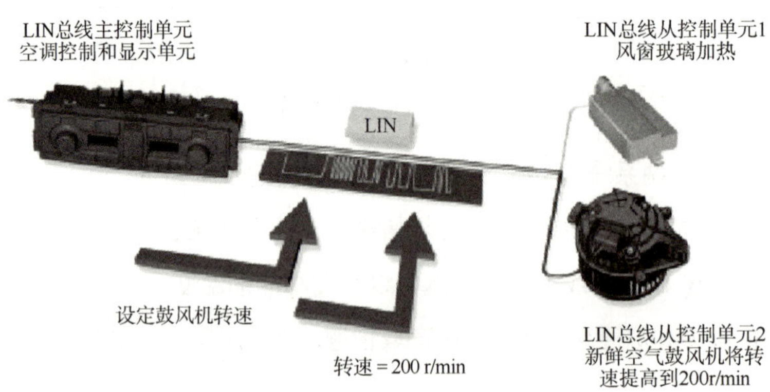

图 5-9　带有主反馈的空调装置 LIN 总线信息传递流程

2. LIN总线电压分析

（1）LIN总线的隐性电压和显性电压

隐性电压：如果无信息发送到LIN总线上或发送到LIN总线上的是一个隐性信号，那么LIN总线上的电压就是蓄电池电压，即隐性电压。

显性电压：为了将显性信号传递到LIN总线上，发送控制单元内的收发器将LIN总线接地，此时LIN总线上的电压就是显性电压。

LIN总线的隐性电压和显性电压如图5-10所示。

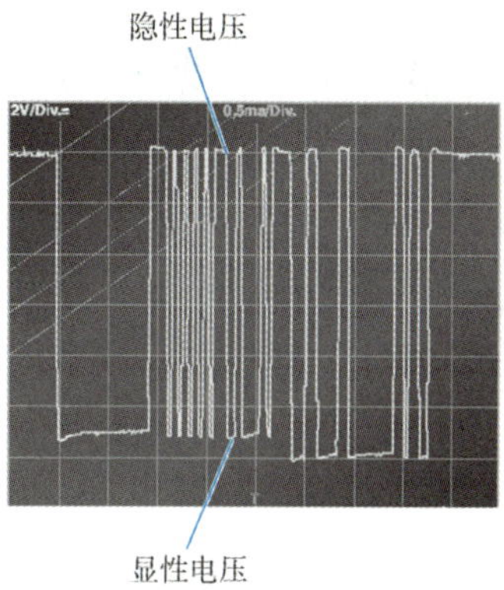

图5-10　LIN总线的隐性电压和显性电压

（2）LIN总线信息传递的电压范围要求

在隐性电压和显性电压收发时，通过预先设定公差值来保证数据传输的稳定。发送信号电压必须满足隐性电压大于电源电压的80%、显性电压小于电源电压的20%的要求，如图5-11（a）所示。为了在有干扰辐射的情况下仍能收到有效的信息，允许接收的电压范围要宽一些，隐性电压大于电源电压的60%，显性电压小于电源电压的40%，如图5-11（b）所示。LIN总线通过上述方式可以确保其信息传递的安全性。

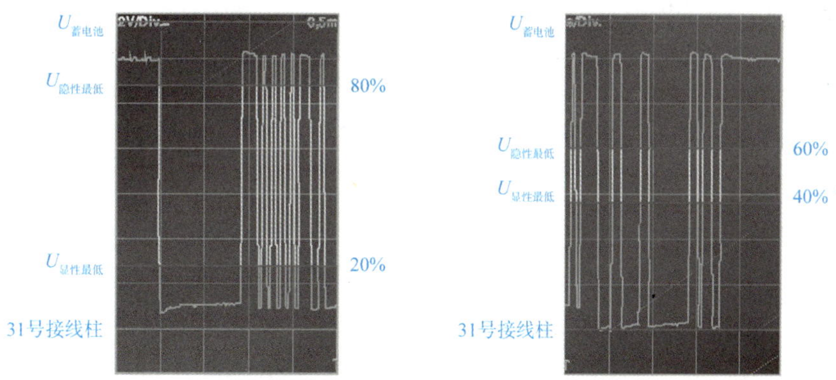

（a）发送时电压范围　　（b）接收时电压范围

图5-11　LIN总线信息传递的电压范围要求

3. 信息标题的格式

信息标题的格式如图5-12所示。

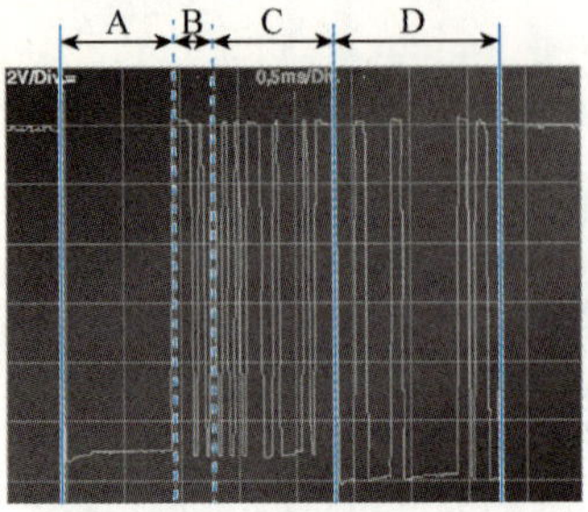

图 5-12　信息标题的格式

1）A 区为同步暂停区。同步暂停区的长度至少为 13 位（二进制），以高电平发送。这 13 位的长度是必需的，这样才能准确地通知所有 LIN 总线控制单元有关信息的起始点情况。

2）B 区为同步分界区。同步分界区会连同从属波形（high-signal，高信号）一起被发送，并且表明这是同步暂停的结束。同步分界区至少为 1 位且为隐性。

3）C 区为同步区。同步区由 0101010101 这个二进制位序构成，所有的 LIN 总线从控制单元都通过这个二进制位序来与 LIN 总线主控制单元进行匹配（同步）。所有控制单元同步对于保证正确的数据交换是非常必要的。如果失去了同步性，那么接收到的信息中的某一位数值就会发生错误，该错误会导致数据传递错误。

4）D 区为确认区。确认区的长度为 8 位，前 6 位是回应信息识别码和信息长度。回应数据区的个数为 0～8。确认区的后两位是校验位，用于检查数据传递是否有误。当出现识别码传递错误时，校验位可防止与错误的信息适配。

4. LIN 总线收发芯片（TJA1020）

1）TJA1020 原理框图如图 5-13 所示。

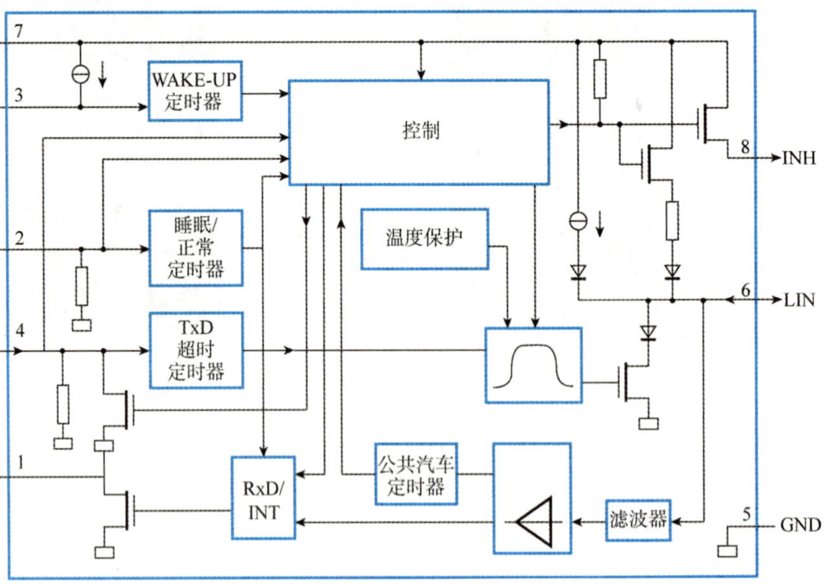

图 5-13　TJA1020 原理框图

2）TJA1020 的引脚图如图 5-14 所示。

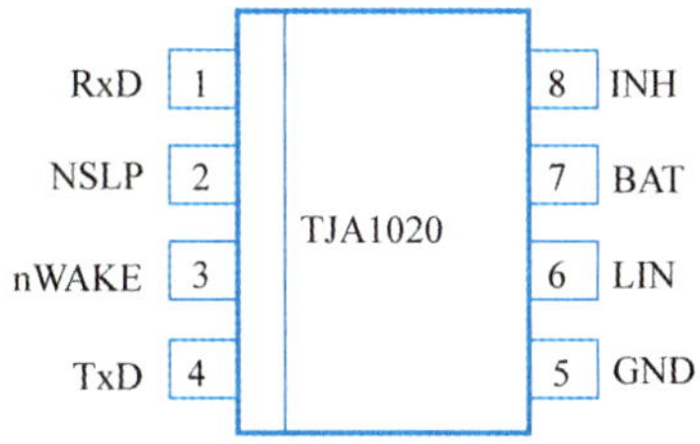

图 5-14　TJA1020 的引脚图

3）TJA1020 的引脚说明如表 5-2 所示。

表 5-2　TJA1020 的引脚说明

符号	引脚	说明
RxD	1	接收数据输出（漏极开路）；唤醒事件发生后低电平有效
NSLP	2	睡眠控制输入端（低电平有效）；控制抑制输出；重置在 TxD 上的唤醒标志和 RxD 上的唤醒请求
nWAKE	3	本地唤醒输入（低电平有效）；下降沿触发
TxD	4	发送数据输入；低电平有效，唤醒事件后输出
GND	5	接地端
LIN	6	LIN 总线输入/输出
BAT	7	电池供电
INH	8	电池相关的禁止输出，用于控制外部电压调节器；唤醒事件后，高电平有效

任务实施

完成 1+X 任务工单五的任务与记录。

1+X 任务工单五

1）查询维修手册（参考比亚迪 E5 网络拓扑图），画出车窗网络拓扑结构图。

2）车窗模块参数记录。

模块名称	1号针脚	2号针脚	3号针脚	4号针脚	5号针脚	6号针脚	结果判断

3）LIN 总线波形检测及绘制。

波形绘制：

检测通道：		检测部件插头针脚及颜色：
检测工况：熄火◎	怠速◎	每格电压：
最大信号电压值：		脉宽时间：
波形判定：正常◎	异常◎	

思考与总结

1. 填空题

1）LIN 总线主要由一个________、一个或多个________组成。

2）LIN 总线系统也称为________。LIN 总线因其数据传输速率________，通常用于车身系统模块。

3）LIN 总线可以控制________、车门开闭、________、刮水器等系统。

4）每个 LIN 总线主控制单元最多可以连接________个 LIN 总线从控制单元。

2. 判断题

1）新能源汽车 LIN 总线通常采用双绞线。（　　）

2）新能源汽车 LIN 总线电压为 10～11V。（　　）

3）如果无信息发送到 LIN 总线上或发送到 LIN 总线上的是一个隐性信号，那么 LIN 总线上的电压就是蓄电池电压。（　　）

3. 单项选择题

1）LIN 总线电压为（　　）。

A．2.6V　　B．2.4V

C．5V　　D．10～11V

2）新能源汽车的（　　）不采用 LIN 总线。

A．车窗升降系统　　B．电动机控制器

C．刮水器系统　　D．空调系统

4. 任务学习后总结及建议

____

____

____

____

5. 任务评价

评价内容	扣分标准	任务评价	任务得分
操作错误次数	操作不正确一次扣 5 分	20 分	
记录数据	记录不正确一次扣 5 分	10 分	
故障排除情况	教师根据故障排除的难易程度评分	40 分	
课后思考题	按百分比评分	20 分	
任务学习后总结及建议	不少于 100 字	10 分	
总排名分数	以上总计得分	100 分	

项目六
车身网关控制系统的诊断分析

项目描述

随着经济的飞速发展，汽车作为人类重要的交通工具，其数量正在迅猛增加。从全球来看，随着现代科技的发展，犯罪分子的作案手段不断提高，汽车被盗事件也越来越多。据统计，美国每年至少有150万辆汽车被盗。从国内情况来看，近年来汽车盗窃案越来越少。为了防止汽车被盗，科研工作者们研制开发了许多汽车防盗技术，各种防盗装置相继产生并被广泛运用。目前，防盗技术已与安全、环保、节能一起被列为汽车技术发展的四大课题。20世纪90年代以来，汽车防盗技术得到了飞速发展。我国汽车防盗技术的基础薄弱，相关研究工作起步较晚，但对新技术的跟进十分迅速，特别是对新技术在汽车防盗上的应用进行了卓有成效的研究。因此，了解国内外汽车防盗装置的现状和发展动态，对于研究和促进我国汽车防盗装置的发展有着极其重要的意义。

本项目主要介绍防盗系统的功能，防盗系统的作用，防盗系统的组成及分类，防盗器的工作原理，CAN网络防盗系统的结构及其相关组成部分的更换。

通过本项目学习，结合1+X新能源汽车网关控制娱乐系统技术（高级）要求，掌握新能源汽车防盗系统的结构组成和作用，能够正确对防盗系统进行诊断分析。

学习目标

知识目标	能力目标	思政要素和职业素养目标
1．掌握防盗系统的功能及作用； 2．了解防盗系统的组成及分类； 3．掌握防盗系统的工作原理； 4．掌握CAN网络防盗系统的结构	能正确对防盗系统进行诊断分析	1．树立正确的学习观、价值观，自觉践行行业道德规范； 2．遵规守纪，团结协作，爱护设备，钻研技术； 3．发扬一丝不苟、精益求精的工匠精神
对接1+X新能源汽车网关控制娱乐系统技术（高级）模块		

情景引入

如果你是一名新能源汽车维修技师，客户反映车辆无法启动，仪表盘上有一个钥匙灯被点亮，向你询问原因，你能从专业角度来分析该故障吗？

知识链接

一、防盗系统的功能及作用

1. 防盗系统的功能

防盗系统的功能是打开/锁止发动机控制单元（通过 W 线或 CAN 总线实现）。

2. 防盗系统的作用

防盗系统可以有效防止汽车在未被授权的情况下靠其本身的动力被开走。

二、防盗系统的组成及分类

防盗系统由防盗控制单元、仪表盘上的故障警告灯、点火开关上的读写线圈(天线)、带送码器的点火钥匙、发动机控制单元组成。

1. 防盗控制单元独立的防盗系统（图 6-1）

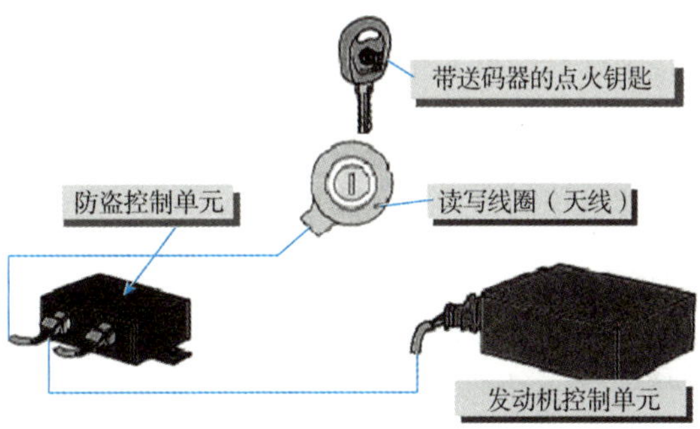

图 6-1　防盗控制单元独立的防盗系统

在用带送码器的点火钥匙打开点火开关时，芯片发出一个信号，该信号通过读写线圈传递到防盗控制单元，防盗控制单元对信号进行运算或比对，正确就发送一个信号给发动机控制单元，发动机控制单元核对正确后就关闭防盗指示灯，此时可以合法启动车辆。这个比对运算的过程几乎在一瞬间完成。

该类型防盗系统主要有三个组成部分：发动机控制单元、防盗控制单元、带送码器的点火钥匙。三者要进行匹配才能正常通信，其中任何一个环节没有匹配就不能正常启动汽车。

2. 防盗控制单元集成在组合仪表内的防盗系统（图 6-2）

集成在组合仪表内的防盗控制单元主要用于大众汽车的第三代防盗系统中，该系统主要由防盗控制单元、读写线圈（天线）、带送码器的点火钥匙、仪表盘上的故障指示灯、发动机控制单元等组成。

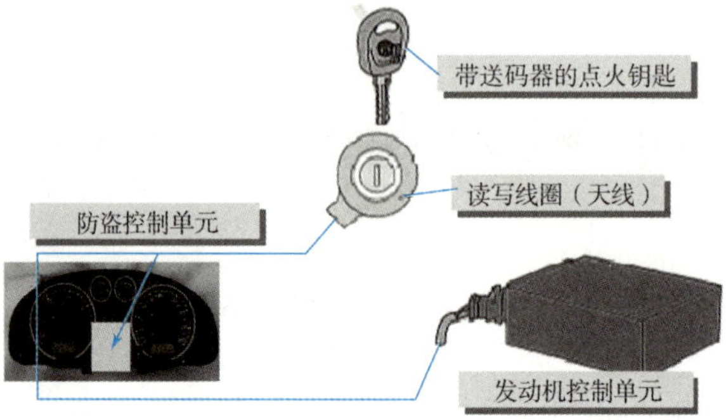

图 6-2　防盗控制单元集成在组合仪表内的防盗系统

与第二代防盗系统相比，大众汽车的第三代防盗系统（图 6-3）具有如下特点。

1）发动机控制单元是防盗系统的一部分，该单元与仪表控制单元必须录入底盘号（车辆 17 位身份证）。

2）防盗控制单元与仪表控制单元结合为一体，共用地址码“17”。

3）防盗系统由 CAN 总线进行数据传递。

4）更换仪表盘或发动机控制单元后，本车防盗密码不变。

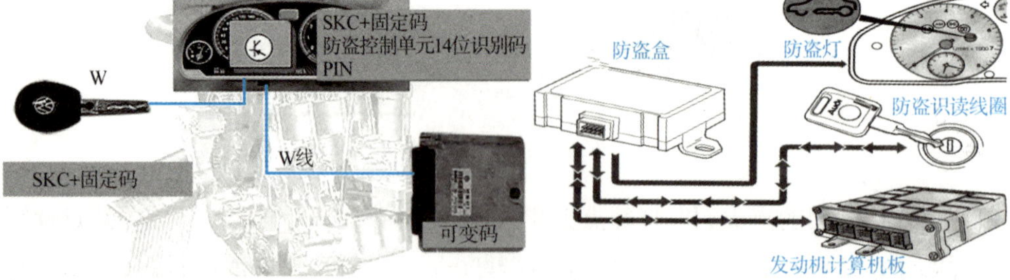

图 6-3　第三代防盗系统

三、防盗系统的工作原理

1. 固定码传输（图 6-4）

首先，用点火钥匙打开点火开关，防盗系统通过改变天线磁场能量，向送码器传输数据提出质询。然后，点火钥匙返回它的固定码（首次匹配时，这个固定码储存在防盗系统中）。传送的固定码与储存的码在防盗系统中进行比较，如果相同，则开始传送固定码。

固定码是用来锁定钥匙的。

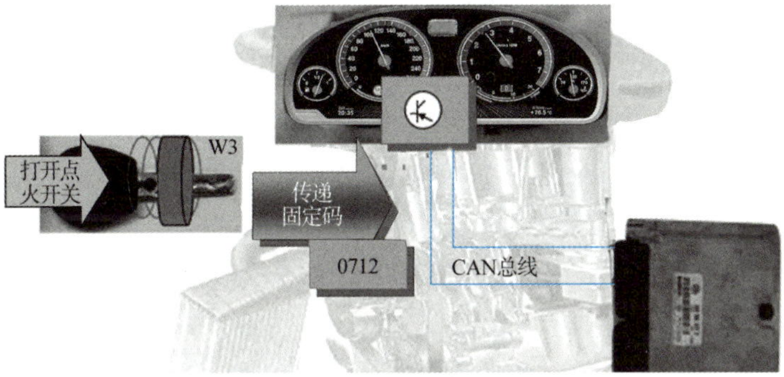

图 6-4 固定码传输

2. 可变码传输（图 6-5）

防盗系统随机产生一个可变码，这个码点火是钥匙和防盗系统用于计算的基础。点火钥匙和防盗系统内均有一套公式（密码术公式）列表和一个相同且不可改写的 SKC（secret key code，隐秘的钥匙代码），从而可分别在点火钥匙和防盗系统中计算结果。点火钥匙发送结果给防盗系统，防盗系统把这个结果和自己的计算结果进行比较，如果相同，则点火钥匙确认完成。

大众汽车的第二代防盗系统和第三代防盗系统的可变码传输环节相同。

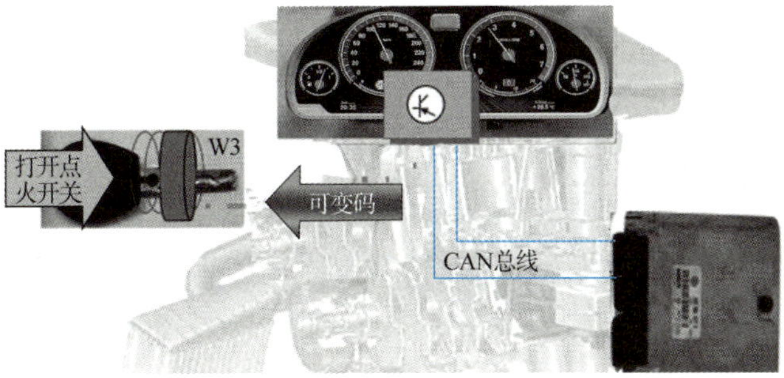

图 6-5 可变码传输

3. 可变码传输（发动机控制单元—防盗控制单元）（图 6-6）

发动机控制单元随机产生一个可变码并传送给防盗控制单元。防盗控制单元把这个码和其储存的码进行比较，如果相同，那么发动机被允许启动。发动机控制单元每次启动后，均按照随机选定原则产生一个可变码，并把这个码储存在发动机控制单元和防盗控制单元中，用于下次发动机启动时计算。大众汽车第二代防盗系统中的相关数据由 W 线传输。

发动机控制单元随机产生一个变码。在发动机控制单元和防盗控制单元内有另一套密码公式列表和一个相同的 SKC（由公式指示器指示）。防盗控制单元返回相应计算结果（由 CAN 总线传递）到发动机控制单元内与其计算结果进行比较。如果结果相同，那么发动机被允许启动。大众汽车第三代防盗系统中的相关数据由 CAN 总线传输。

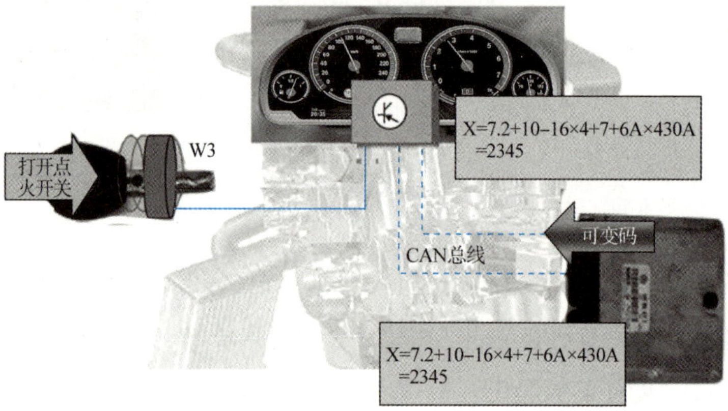

图 6-6　可变码传输（发动机控制单元—防盗控制单元）

四、CAN 网络防盗系统

为了保证客户的财产安全，装有 CAN 网络防盗系统的各车系基于原车防盗系统有许多模块共同参与防盗。只有通过诊断测试仪进行的在线查询，才可以将数据安全、快速、可靠地传输到汽车中。防盗系统组件通过传真机或通过临时接通该部件进行的 PIN（person identification number，个人身份识别号码）查询是不存在的。防盗系统中所有的参与组件都必须进行在线调试。汽车的点火钥匙在出厂时便为某一特定汽车预先编码，并且只可以为该汽车进行调试。

1. CAN 网络防盗系统组件

1）舒适系统中央控制单元 J393。J393 集成了防盗系统功能，它必须在更换之后进行在线调试。

2）电子转向柱锁止控制单元 J764。电子转向柱的锁止和开锁功能的释放是通过 J393 中的防盗系统功能实现的。只可将 J764 与 J393 一起进行更换、调节。

3）进入及启动许可开关 E415。E415 中有用于读取汽车点火钥匙中发射机应答器应答信息的读写线圈。E415 在更换后不必进行调整。

4）发动机控制单元 J623。J623 是防盗系统的一部分。为了使发动机持续运行，必须通过动力 CAN 总线释放 J393。J623 必须在更换之后进行在线调试。CAN 网络防盗系统数据传输如图 6-7 所示。

5）转向柱电子装置控制单元 J527。J527 接收到点火钥匙插入点火信号后，发送相关信号给 J393。J393 通过串行数据总线将唤醒指令传送给 J764，从而唤醒 J764。

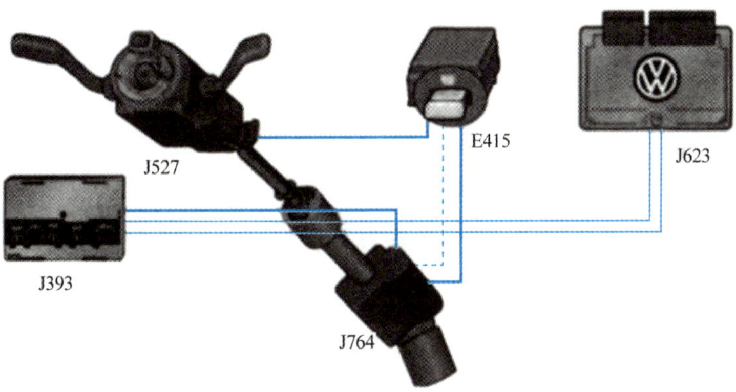

E415—进入及启动许可开关；J393—舒适系统中央控制单元；J527—转向柱电子装置控制单元；
J623—发动机控制单元；J764—电子转向柱锁止控制单元。

图 6-7　CAN 网络防盗系统数据传输

2. 控制单元的更换

大众迈腾为了提高其防盗能力，对重要模块进行了更换［只可以通过与 FAZIT（fahrzeugauskunft-und zentrales identifikations-tool，汽车信息查询和中央识别工具）数据库相连的在线连接来更换参与防盗系统功能的控制单元］，控制单元的更换匹配过程示意图如图 6-8 所示。

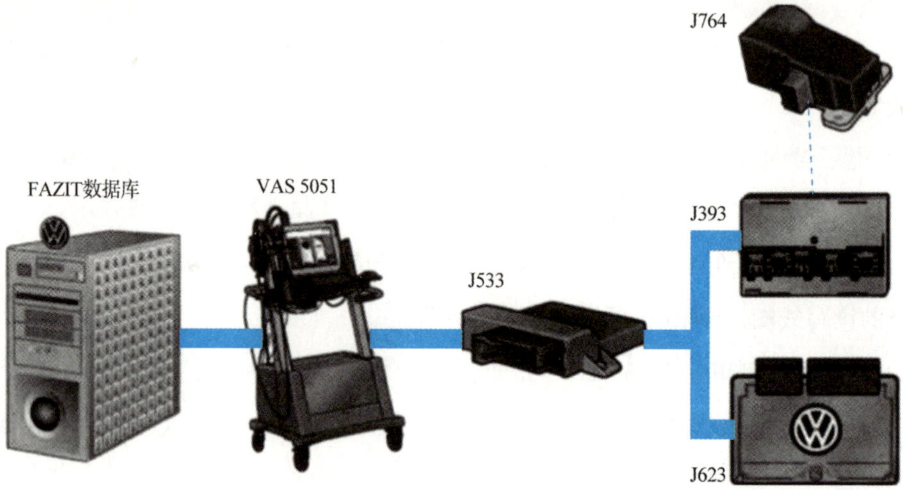

J393—舒适系统中央控制单元；J533—数据总线诊断接口；
J623—发动机控制单元；J764—电子转向柱锁止控制单元。

图 6-8　控制单元的更换匹配过程示意图

1）更换舒适系统中央控制单元 J393：通过在线连接索要数据；通过 VAS 5051 等测试仪接收数据；将数据下载到舒适系统中央控制单元；磨合舒适系统中央控制单元；磨合汽车的点火钥匙。

2）更换发动机控制单元 J623：通过在线连接索要数据；通过 VAS 5051 等测试仪接收数据；将数据下载到发动机控制单元；在发动机控制单元和 FAZIT 数据库之间进行数据交换；磨合汽车的点火钥匙。

3）更换电子转向柱锁止控制单元 J764、转向柱电子装置控制单元 J527（图 6-7）和舒适系统中央控制单元 J393：通过在线连接索要数据；通过 VAS 5051 等测试仪接收数据；将数据下载到对应控制单元；在控制单元和 FAZIT 数据库之间进行数据交换；磨合汽车的点火钥匙。

任务实施

完成 1+X 任务工单六的任务与记录。

1+X 任务工单六

项目	诊断记录		
故障现象描述			
故障范围分析	确认故障症状并记录症状现象		
	1.		
	2.		
	3.		

<table>
<tr><td rowspan="13">相关故障码及数据流分析</td><td colspan="5">故障码读取及分析（与故障无关可不填写）</td></tr>
<tr><td colspan="2">故障灯</td><td>故障码</td><td>故障说明</td><td>故障码出现原因说明</td></tr>
<tr><td colspan="2">◎点亮◎不亮◎闪烁</td><td></td><td></td><td></td></tr>
<tr><td colspan="5">故障码相关数据流读取及分析（与故障无关可不填写）</td></tr>
<tr><td>序号</td><td>检测项目</td><td>数据</td><td>判断</td><td>判断说明</td></tr>
<tr><td>1</td><td></td><td></td><td>◎正常 ◎异常</td><td></td></tr>
<tr><td>2</td><td></td><td></td><td>◎正常 ◎异常</td><td></td></tr>
<tr><td>3</td><td></td><td></td><td>◎正常 ◎异常</td><td></td></tr>
<tr><td>4</td><td></td><td></td><td>◎正常 ◎异常</td><td></td></tr>
<tr><td>5</td><td></td><td></td><td>◎正常 ◎异常</td><td></td></tr>
<tr><td>6</td><td></td><td></td><td>◎正常 ◎异常</td><td></td></tr>
<tr><td>7</td><td></td><td></td><td>◎正常 ◎异常</td><td></td></tr>
<tr><td>8</td><td></td><td></td><td>◎正常 ◎异常</td><td></td></tr>
</table>

续表

<table>
<tr><td>项目</td><td colspan="3">诊断记录</td><td></td><td></td></tr>
<tr><td rowspan="18">故障诊断步骤</td><td colspan="5">性能检测（与故障无关可不填写）</td></tr>
<tr><td colspan="5">选用设备/工具：______________________</td></tr>
<tr><td colspan="5">检测部件/系统：______________________</td></tr>
<tr><td>检测项目</td><td>检测数据</td><td colspan="2">判断</td><td>相关维修资料</td></tr>
<tr><td></td><td></td><td colspan="2">◎正常 ◎异常</td><td>第__章__节__页</td></tr>
<tr><td></td><td></td><td colspan="2">◎正常 ◎异常</td><td>第__章__节__页</td></tr>
<tr><td></td><td></td><td colspan="2">◎正常 ◎异常</td><td>第__章__节__页</td></tr>
<tr><td rowspan="2">分析说明</td><td colspan="4">故障部件：（请写明元件名称）</td></tr>
<tr><td colspan="4">故障原因：</td></tr>
<tr><td colspan="5">其他：__________（与故障无关可不填写）</td></tr>
<tr><td colspan="5">选用设备/工具：______________________</td></tr>
<tr><td colspan="5">检测部件/系统：______________________</td></tr>
<tr><td>部件电路编号</td><td>线路区间</td><td>检测数据</td><td>判断</td><td>相关维修资料</td></tr>
<tr><td></td><td></td><td></td><td>◎正常◎异常</td><td>第__章__节__页</td></tr>
<tr><td></td><td></td><td></td><td>◎正常◎异常</td><td>第__章__节__页</td></tr>
<tr><td></td><td></td><td></td><td>◎正常◎异常</td><td>第__章__节__页</td></tr>
<tr><td>分析说明</td><td colspan="4">故障位置/线路/部件：
故障原因：</td></tr>
</table>

思考与总结

1. 填空题

1）防盗系统组成：防盗控制单元、________、点火开关上的读写线圈（天线）、带送码器的点火钥匙、________。

2）防盗系统主要由三个部分组成：________、防盗控制单元、________，三者之间进行匹配才能正常通信，其中任何一个环节没有匹配就不能正常启动汽车。

2. 判断题

1）新能源汽车防盗系统可通过 W 线或 CAN 总线进行数据传输。（　　）

2）新能源汽车防盗系统仅起防盗作用。（　　）

3）CAN 总线与防盗系统无关。（　　）

3. 单项选择题

1）点火开关接通时，读写线圈把能量用（　　）的方式传送给脉冲转发器。

A．导线传输　　B．互感　　C．感应

2）下列与防盗系统无关的模块是（　　）。

A．车身计算机　　B．无钥匙系统

C．整车控制单元　　D．BMS

4. 任务学习后总结及建议

____

____

____

____

____

____

5. 任务评价

评价内容	扣分标准	任务评价	任务得分
操作错误次数	操作不正确一次扣 5 分	20 分	
记录数据	记录不正确一次扣 5 分	10 分	
故障排除情况	教师根据故障排除的难易程度评分	40 分	
课后思考题	按百分比评分	20 分	
任务学习后总结及建议	不少于 100 字	10 分	
总排名分数	以上总计得分	100 分	

项目七
娱乐网关控制系统的检测维修

项目描述

信息娱乐模块汇集了车辆的所有信息娱乐功能，包括调谐器接收、媒体连接、音频播放、导航和人机界面。随着智能手机的不断普及，用户需要人性化的免提接口，以发送短信和接听音频或视频电话，这促使汽车娱乐网关控制系统快速发展。

本项目主要介绍舒适 CAN 总线的组成，舒适 CAN 总线的作用，舒适 CAN 总线的特点，舒适 CAN 总线的网络拓扑，舒适 CAN 总线与动力 CAN 总线的区别，舒适 CAN 总线的原理。

通过本项目学习，结合 1+X 新能源汽车网关控制娱乐系统技术（中级）要求，掌握新能源汽车娱乐网关控制系统的检测维修方法，能够正确对娱乐网关控制系统进行检测维修。

学习目标

知识目标	能力目标	思政要素和职业素养目标
1．熟悉故障车辆舒适 CAN 总线的组成； 2．了解舒适 CAN 总线与动力 CAN 总线的区别； 3．了解舒适 CAN 总线单线工作模式	1．能通过维修手册查找舒适 CAN 总线； 2．能对舒适 CAN 总线进行故障诊断和分析	1．树立正确的学习观、价值观，自觉践行行业道德规范； 2．遵规守纪，团结协作，爱护设备，钻研技术； 3．发扬一丝不苟、精益求精的工匠精神
对接 1+X 新能源汽车网关控制娱乐系统技术（中级）模块		

情景引入

如果你是一名新能源汽车维修技师，客户反映车窗无法自动升降，如果需要你进行检测与维修，你能完成这个任务吗？

知识链接

一、舒适 CAN 总线的组成及作用

1）舒适 CAN 总线的组成如图 7-1 所示。

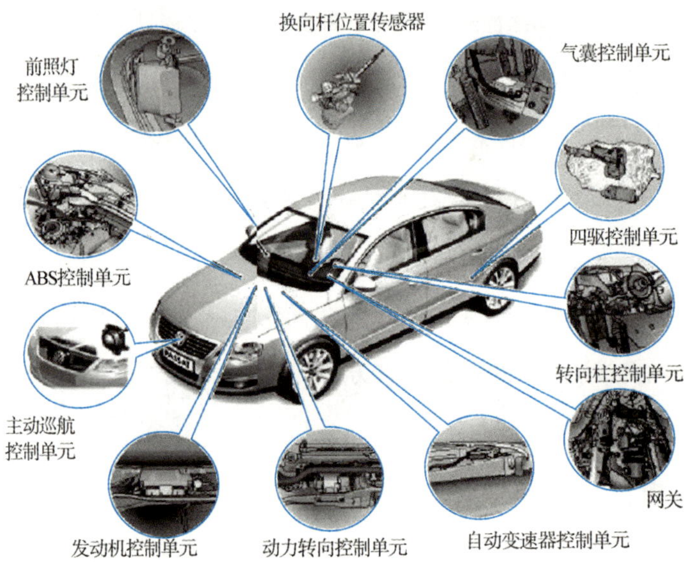

图 7-1　舒适 CAN 总线的组成

2）舒适 CAN 总线系统用于将 CAN 舒适总线和 CAN 信息数据总线方面的控制单元连接成网。这些控制单元通过动力 CAN 数据总线的 CAN_H 线和 CAN_L 线进行数据交换，如车门开/关、车内灯开/关、车辆定位（通过车载全球定位系统实现）等。

二、舒适 CAN 总线的特点

新能源汽车上的舒适 CAN 总线如图 7-2 所示。

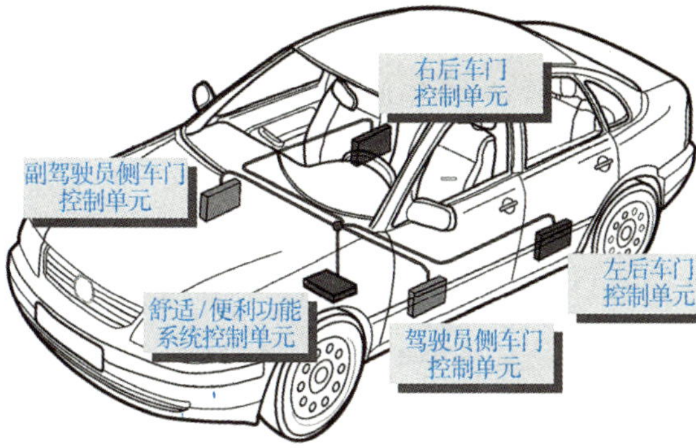

图 7-2 新能源汽车上的舒适 CAN 总线

1）舒适 CAN 总线用于将舒适系统的控制单元连接成网络，它的数据传输速率为 100kb/s。

2）舒适 CAN 总线由 30 号线激活，无数据传输时的基础电压值：CAN_H 线为 0V，CAN_L 线为 5V（12V）。

3）舒适 CAN 总线没有终端电阻，并且 CAN_H 线和 CAN_L 线分离，即任意一根 CAN 总线断路，舒适 CAN 总线工作都不受影响。

4）舒适 CAN 总线颜色：CAN_H 线为橙绿色，CAN_L 线为橙棕色。

5）舒适 CAN 总线线径为 0.35mm^2。

三、舒适 CAN 总线的网络拓扑图

大众轿车舒适 CAN 总线的网络拓扑图如图 7-3 所示。

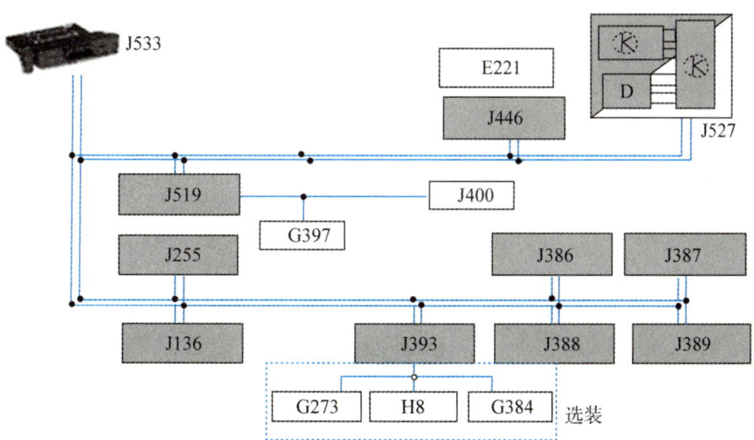

图 7-3 大众轿车舒适 CAN 总线的网络拓扑图

在图 7-3 中，J255 是空调控制单元，J386、J387、J388、J389 是车门控制单元，J393 是舒适系统控制单元，J136 是座椅位置记忆控制单元，J400 是刮水器电动机控制单元，J446 是停车辅助控制单元，J519 是中央电器系统控制单元，J527 是转向柱控制单元，E221 是多功能方向盘，G273 是内部监控传感器，G384 是车辆倾斜传感器，G397 是雨滴和光强传感器，J533 是 CAN 总线诊断接口，H8 是报警扬声器。

大众轿车舒适 CAN 总线组成如图 7-4 所示。

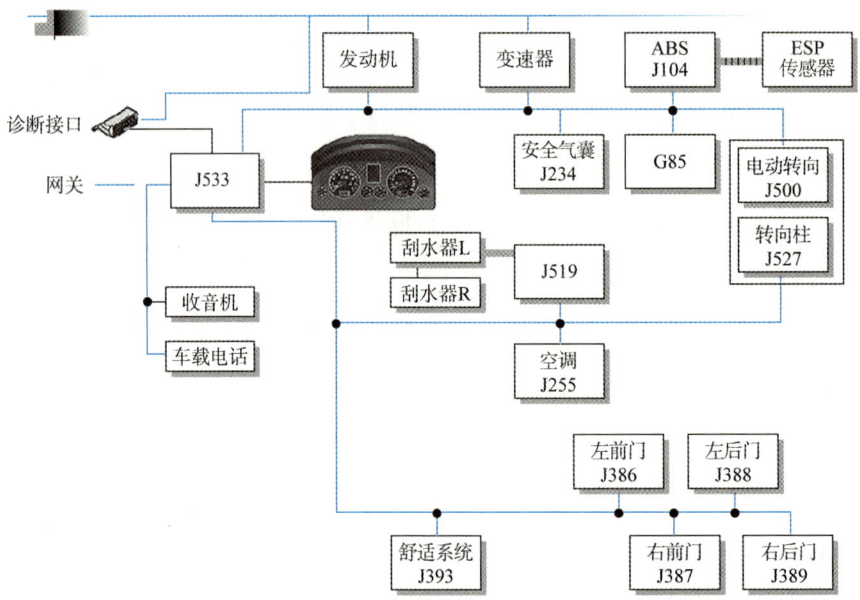

图 7-4　大众轿车舒适 CAN 总线组成

四、舒适 CAN 总线与动力 CAN 总线的区别

1）供电线不同。动力 CAN 总线为 15 号线；舒适 CAN 总线为 30 号线且必须保持随时可用状态。

2）数据传输速率不同。动力 CAN 总线的数据传输速率为 500kb/s，为高速 CAN；舒适 CAN 总线的数据传输速率为 100kb/s，为低速 CAN。

3）总线颜色。动力 CAN_H 线为橙黑色；舒适 CAN_H 线为橙绿色。

4）舒适 CAN 总线可以在单线模式下通信。

舒适 CAN 总线与动力 CAN 总线的区别如表 7-1 所示。

表 7-1 舒适 CAN 总线与动力 CAN 总线的区别

名称	舒适 CAN 总线	动力 CAN 总线
差分信号放大器	有	有
H、L 独立放大器	有	无
故障检测电路	有	无
终端电阻	无	有
能否单线运行	能	否

五、舒适 CAN 总线的原理

1）当舒适 CAN 总线和信息娱乐 CAN 总线处于空闲状态时，控制单元发出睡眠命令；当网关监控到所有总线都有睡眠要求时，网关进入睡眠模式。

2）睡眠模式下的舒适 CAN 总线电压：CAN_L 线为 5V（12V），CAN_H 线为 0V。

3）当动力 CAN 总线处于信息传递过程中时，舒适 CAN 总线和信息娱乐 CAN 总线不允许进入睡眠状态；当舒适 CAN 总线处于信息传递过程中时，信息娱乐 CAN 总线不允许进入睡眠状态。

4）当某信息激活相应的 CAN 总线后，控制单元会激活其他的 CAN 总线。在动力 CAN 总线中，控制单元通常在点火开关打开后被唤醒。在舒适 CAN 总线系统中，当打开点火开关，激活闪烁报警装置，车门、行李舱盖、发动机舱盖和点火钥匙的状态发生变化时，接通车外照明等动作被唤醒。

任务实施

完成 1+X 任务工单七的任务与记录。

1+X 任务工单七

1）查询维修手册（参考比亚迪 E5 网络拓扑图），画出舒适 CAN 总线系统网络拓扑结构图。

2）舒适 CAN 总线参数记录。

模块名称	CAN_L 线针脚号	CAN_H 线针脚号	CAN_L 线电压	CAN_H 线电压	结果判断（正常/异常）

3）舒适 CAN 总线模块（指定针脚）波形检测及绘制。

波形绘制：

检测通道：		检测部件插头针脚及颜色：
检测工况：熄火◎	怠速◎	每格电压：
最大信号电压值：		脉宽时间：
波形判定：正常◎	异常◎	

思考与总结

1. 填空题

1）舒适 CAN 总线中的 CAN_H 线和 CAN_L 线之间没有________。

2）睡眠模式下舒适CAN 总线的电压：CAN_L 线为________V，CAN_H 线为________V。

2. 判断题

1）舒适 CAN 总线数据传输速率为 500kb/s。（　　）

2）舒适 CAN 总线和信息娱乐 CAN 总线上所有控制单元共同处于休眠和唤醒状态。（　　）

3）在舒适 CAN 总线中，信息数据总线可采用单线。（　　）

3. 单项选择题

1）在奥迪车系车载网络系统中，动力 CAN 总线和舒适 CAN 总线分别属于（　　）。

A．CAN/C，CAN/B　　　　B．CAN/B，CAN/A

C．CAN/A，CAN/B

2）舒适 CAN 总线数据传输速率可达（　　）。

A．100kb/s　　B．200kb/s　　C．300kb/s

3）在舒适 CAN 总线中，CAN_H 线和 CAN_L 线之间发生短路时，正确的操作是（　　）。

A．关闭 CAN_H 驱动器　　　　B．关闭 CAN_L 驱动器

4）关于奥迪车系动力 CAN 总线和舒适 CAN 总线，以下叙述正确的是（　　）。

A．在动力 CAN 总线和舒适 CAN 总线中，如果出现通信断路故障，则重新连接即可恢复正常

B．动力 CAN 总线和舒适 CAN 总线都可以单线运行

C．动力 CAN 总线和舒适 CAN 总线都采用双绞线传输数据，并且它们的颜色相同

D．动力 CAN 总线在一根线断路或短路时，其所有功能都会停止

4. 任务学习后总结及建议

____

____

____

____

5. 任务评价

评价内容	扣分标准	任务评价	任务得分
操作错误次数	操作不正确一次扣 5 分	20 分	
记录数据	记录不正确一次扣 5 分	10 分	
故障排除情况	教师根据故障排除的难易程度评分	40 分	
课后思考题	按百分比评分	20 分	
任务学习后总结及建议	不少于 100 字	10 分	
总排名分数	以上总计得分	100 分	

知识拓展

新能源汽车 MOST 总线检测与维修

1. MOST 总线的结构和工作原理

（1）MOST 总线概述

MOST（media oriented systems transport，面向媒体的系统传输）总线是一种用于多媒体数据传送的网络系统。MOST 总线将汽车音响系统、视频导航系统、车载电视机、车载电话、多碟 CD 播放器等模块连接起来，给用户带来了极大的便利，其数据传输速率最高可达 24.8Mb/s，而且不存在电磁干扰问题。

MOST 总线不需要额外的主控计算机系统，结构灵活、性能可靠、易于扩展，采用 POF（plastic optical fiber，塑料光纤）作为物理层的传输介质，支持“即插即用”方式，在网络上可以随时添加和去除设备，具有方便简捷的应用系统界面。MOST 总线的组成如图 7-5 所示。

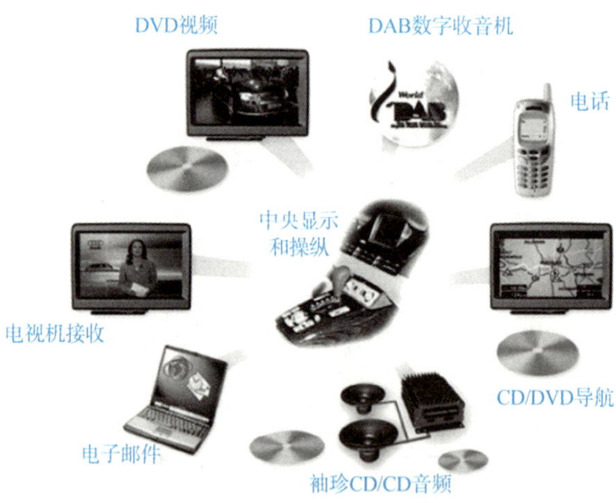

DVD（digital video disc，数字通用光盘）；DAB（digital audio broadcasting，数字音频广播）。

图 7-5　MOST 总线的组成

MOST 总线有 3 种运行模式：睡眠模式、待命模式、工作模式。MOST 总线处于睡眠模式时，其内部不进行数据交换，所有装置都处于待命状态；MOST 总线处于待命模式时，其在后台运行，所有输出设备都不工作或不发声；MOST 总线处于工作模式时，控制单元完全接通，总线上有数据交换，用户可使用所有功能。

（2）MOST 总线控制单元的结构

MOST 总线的每一个控制单元内都装有光电转换器和电光转换器。MOST 总线采用环形网络拓扑结构，其中的每个控制单元通过一根光纤沿环形方向将数据传送至环形结构中的下一个控制单元，各控制单元通过光纤相互连接形成一个封闭环路。因此，每个控制单元均拥有两根光纤：一根光纤用于发射器；另一根光纤用于接收器。MOST 总线控制单元的结构如图 7-6 所示。

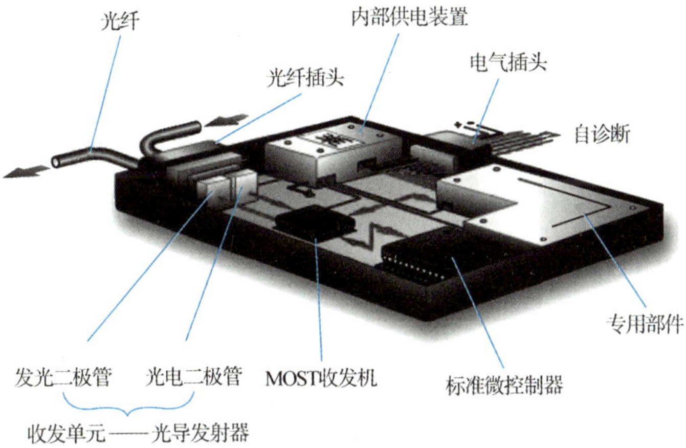

图 7-6　MOST 总线控制单元的结构

1）光纤。光纤通过专门的光纤插头与控制单元相连接，将在某一控制单元发射器内产生的光波传送到控制单元的接收器。光纤插头上的信号方向箭头表示信号的（至接收器的）输入端，插头壳体与控制单元相连接。光信号通过光纤和光纤插头进入控制单元或传往下一个 MOST 总线用户。光纤插头的结构如图 7-7 所示。

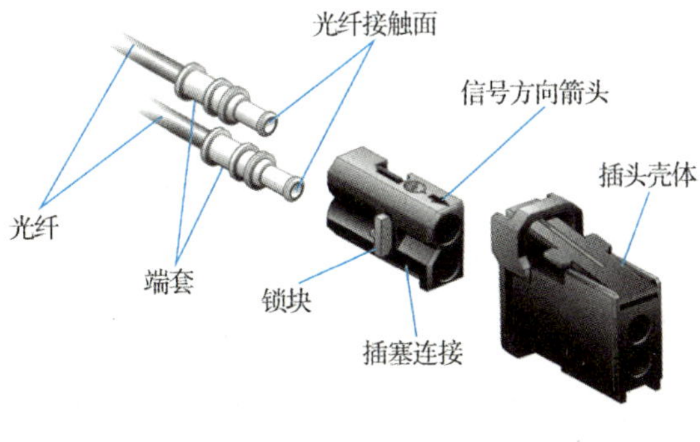

图 7-7　光纤插头的结构

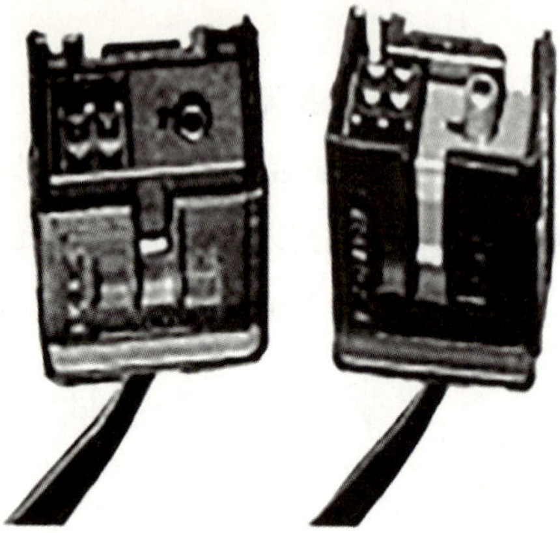

图 7-8　电气插头

2）电气插头。电气插头用于供电、环断裂自诊断及输入/输出信号，如图 7-8 所示。

3）内部供电装置。内部供电装置把通过电气插头供给控制单元的电源分配给各部件，这样可以临时断开供给控制单元中个别部件的电源，从而减小闭路电流。

4）收发单元——光导发射器。光导发射器由一个光电二极管和一个发光二极管组成。光电二极管的作用是把入射的光信号转换成电压信号，并传送至 MOST 发射器。发光二极管的作用是把 MOST 发射器的电压信号转换成光信号，产生波长为 650nm 的可见红光。光导发射器的数据通过光波调制传送，调制后的光波由光纤传送到下一个控制单元。

5）MOST 收发机。MOST 收发机由发射器和接收器两个部件组成。发射器将要发送的信息作为电压信号传送至光导发射器，接收器接收来自光导发射器的电压信号并将所需的数据传送至控制单元中的标准微控制器（central processing unit，CPU）。其他控制单元不需要的信息由 MOST 收发机传送，这些数据不会被传送到 CPU，而是在不进行任何修改的情况下传送至下一个控制单元。

6）CPU。CPU 是控制单元的核心元件，它的内部有一个微处理器，用于操纵控制单元的所有基本功能。

7）专用部件。专用部件用于控制某些专用功能部件，如 CD 播放机和收音机调谐器。

（3）MOST 总线的工作原理

MOST 总线采用环形网络拓扑结构，各个控制单元之间通过一根光纤相连接，音频、视频等信息沿环形路径将数据传送至该路径中的下一个控制单元，这个过程一直持续到数据返回至最初传送它的控制单元且该控制单元已接收到这些数据。由此，形成了一个闭合的环路。MOST 总线的工作原理示意图如图 7-9 所示。

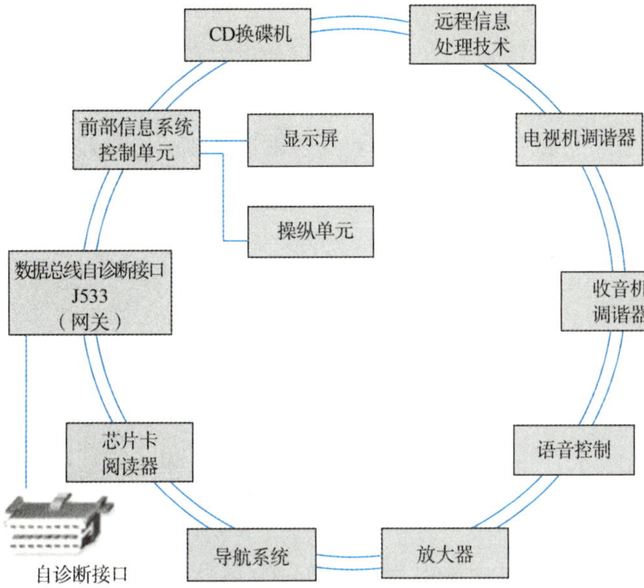

图 7-9　MOST 总线的工作原理示意图

MOST 总线采用的是帧同步传送技术，即系统管理器以一定的脉冲频率从环状总线上向下一个控制单元发送信息帧。为了满足数据传输的各种不同要求，每个 MOST 总线数据信息（图 7-10）均分为以下 3 个部分。

1）同步数据：实时传送音频信号、视频信号等流动型数据。

2）异步数据：传送访问网络及访问数据库等的数据包。

3）控制数据：传送控制报文及控制整个网络的数据。

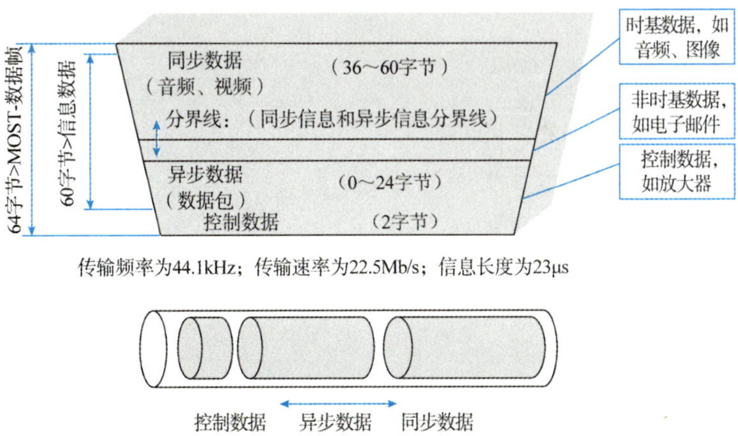

图 7-10　MOST 总线数据信息

2. 光纤及光波传输

光纤网络近年来在高档轿车中应用比较广泛。目前，光纤网络的成本已与电路系统不相上下，今后还有望更低；并且它具有数据传输速率高、传输数据量大、信号衰减小、不易受外界干扰、耐腐蚀及灵敏度高等优点。因此，光纤网络是车载网络的发展方向，也是汽车线束的发展方向。

（1）光纤的功能及结构

光纤的功能是将在控制单元发射器内生成的光波传送至其他控制单元的接收器，如图 7-11 所示。光纤是典型的多层同轴圆柱体，由纤芯、反射涂层、黑色包层、彩色包层组成，如图 7-12 所示。纤芯是光纤的中心部分，它是用有机玻璃制成的，是光导线，纤芯内的光根据全反射原理几乎无损失地传导。反射涂层是由氟聚合物制成的，它包裹在纤芯周围，对全反射起关键作用。黑色包层为光的传输提供反射面和光隔离，并起一定的机械保护作用。彩色包层用于进行信息识别，防止发生机械损伤并起热保护作用。

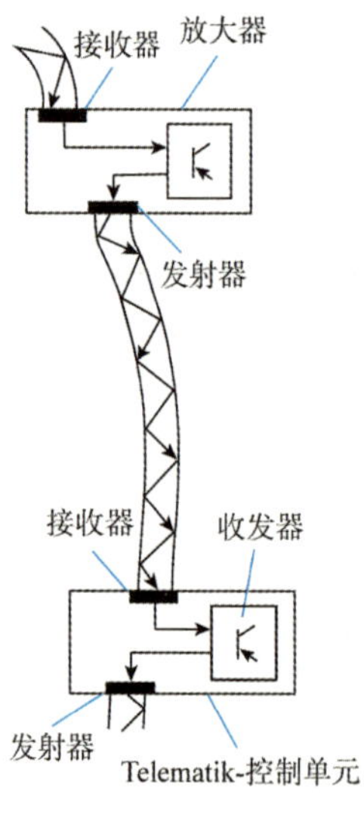

图 7-11　光纤的功能

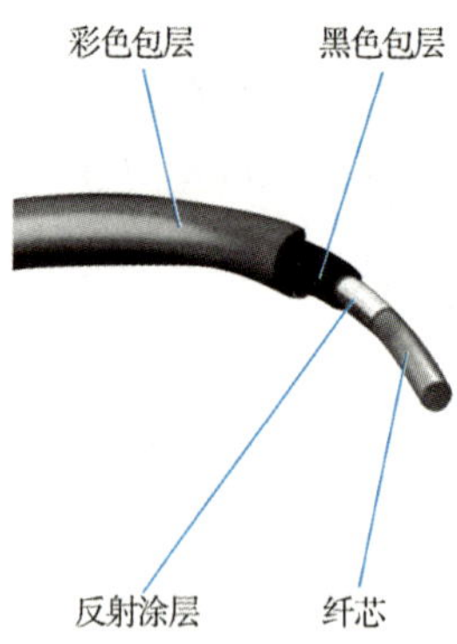

图 7-12　光纤的结构

（2）光纤的端面

光纤切割面上的污垢和刮痕会导致光波在传输的过程中产生很高的损耗（衰减），因此为了最大限度地减小传输损失，光纤的端面必须光滑、垂直和清洁。只有使用专用的切割工具才能达到上述要求。光纤的端面如图 7-13 所示。

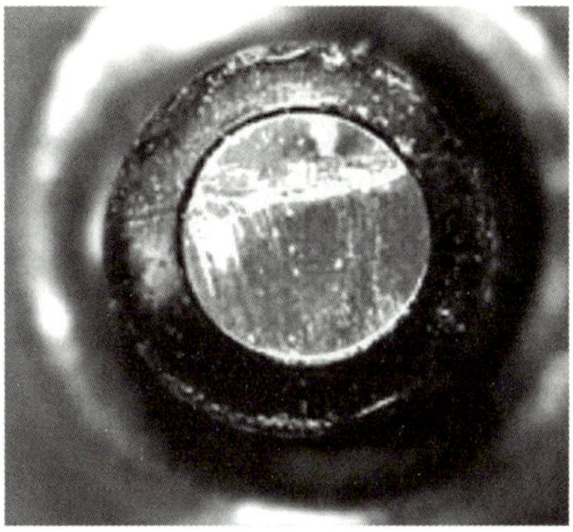

图 7-13　光纤的端面

（3）光纤的衰减度

光纤状态的评定包括测量它的衰减度。光波在传输的过程中，其功率减小了，这种情况就称为衰减。衰减用分贝（dB）表示。分贝不是一个绝对数量，而是表示发射功率和接收功率之比。衰减越大，信号传送效果越差。光纤内光脉冲的发生距离越大，衰减越大。衰减量不允许超过某个规定值，否则相应控制单元内的接收器无法处理对应的光脉冲。

与串联的电气部件中的电阻相似，如果几个部件一同传送光信号，那么各个部件的衰耗常数应相加得到一个总的衰耗常数。由于每个控制单元都会在 MOST 总线内发送光波，因此评价两个控制单元之间的总衰耗常数才有意义。光脉冲的衰减有两种基本形式，即自然衰减和故障衰减。自然衰减是光脉冲从发射器至接收器的过程中产生的。故障衰减是由于光脉冲传输区域有缺陷而产生的。

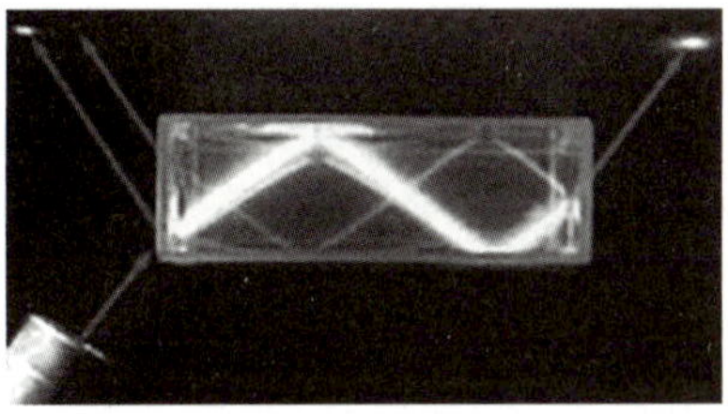

图 7-14　光波在笔直光纤中的传输

（4）光波传输

1）光波在笔直光纤中的传输。笔直的光纤以直线方式在纤芯中传输部分光波，如图 7-14 所示。大多数光波在笔直的光纤中以 Z 字形传输，其结果是，在纤芯的表面产生了全反射。

2）光波在弯曲光纤中的传输。发生在纤芯覆盖层边缘的全反射使得光波被反射，从而通过弯曲处，如图 7-15 所示。

3）光波的全反射。如果一束光以较小的角度撞击在折射率较高和较低材料之间的边界层上，它就会被完全地反射，这就是光波的全反射。在一根光纤中，由于纤芯的折射率比其覆盖层的折射率高，因此纤芯的内部会发生全反射。全反射取决于从内部撞击边界的光波的角度。如果这个角度为 90° 左右，光波就离开纤芯并产生很高的损耗。如果光纤被过度弯曲或扭绞，就会出现这种情况，如图 7-16 所示。因此，光纤的弯曲半径绝不能小于 25mm。

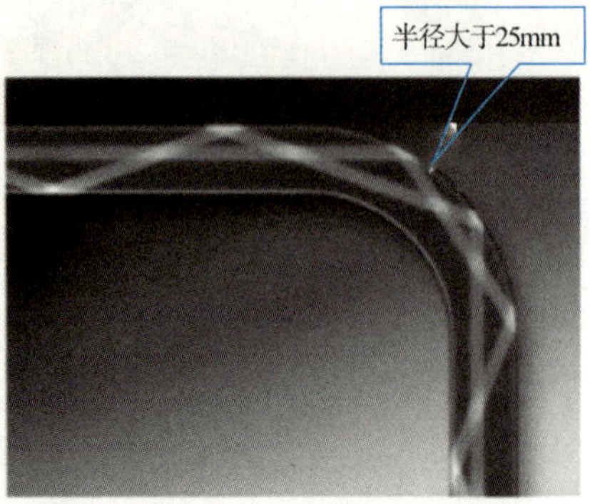

图 7-15　光波在弯曲光纤中的传输

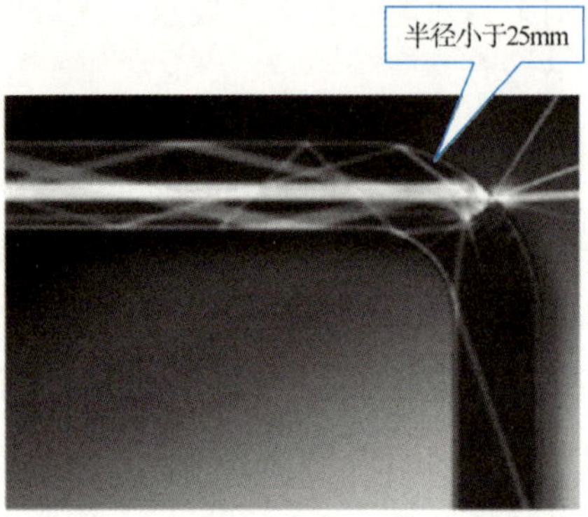

图 7-16　光波在过度弯曲光纤中的传输

3. MOST 总线故障检测

（1）诊断管理器

诊断管理器执行环形中断诊断，并将 MOST 总线上的控制单元诊断数据发送给诊断控制单元。

（2）环形中断的原因和影响

由于 MOST 总线是环形结构，因此如果数据传递在 MOST 总线上的某一位置中断，就称之为环形中断。

发生环形中断的原因有以下几种。

1）光纤断路。

2）发射器或接收器控制单元的供电存在故障。

3）发射器或接收器控制单元损坏。

环形中断的影响如下。

1）音频和视频播放终止。

2）通过多媒体操纵单元无法控制和调整音频和视频的播放。

3）诊断管理器的故障存储器中存有“光纤数据总线断路”的故障信息。

如果 MOST 总线出现环形结构中断，那么无法进行数据传送，此时需要借助诊断线进行故障诊断。通过中央接线连接装置将诊断线连接至 MOST 总线上的每一个控制单元，如图 7-17 所示。环形结构中的中断位置必须通过执行环形结构的故障诊断来确定。环形中断诊断是诊断管理器执行元件诊断的一部分。

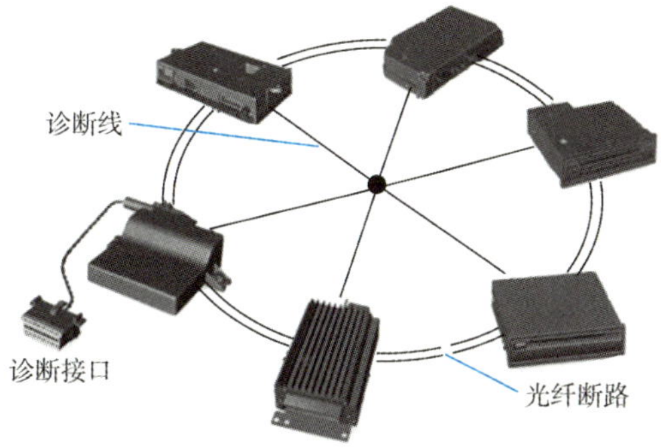

图 7-17　诊断线诊断

（3）环形中断的诊断过程

启动环形中断故障诊断后，诊断管理器通过诊断线向每个控制单元发送一个脉冲。所有控制单元借助它们接收到的脉冲在光导发射器中的发射单元（发光二极管）发出光信号。在此过程中，所有控制单元均检查如下项目。

1）它们的电源和内部的电气功能。

2）接收来自环形结构中前一个控制单元的光信号。

每一个 MOST 总线的控制单元均在规定的时间内作出应答。环形中断故障诊断的开始和控制单元应答的时限使得诊断管理器能够识别出这些控制单元是否已经作出应答。环形中断故障诊断启动后，MOST 总线的控制单元传送出如下两条信息。

1）控制单元的电气系统是否正常，即控制单元的电气功能是否正常（如电源是否正常）。

2）控制单元的光导系统是否正常，它的光敏二极管是否可以接收到环形结构中前一个控制单元的光信号。

这两条信息可以向诊断管理器反馈如下内容。

1）系统中是否存在电气故障（电源故障）。

2）哪些控制单元之间的光学数据传输中断了。

接着，进一步检查供电、搭铁，如果没有故障，再检查光纤插头是否正常，如果正常，最后检查控制单元是否正常。

控制单元的故障检查：用备用的控制单元 VAS 6186 替换出现故障的控制单元，再检查 MOST 总线是否恢复正常，若恢复正常，则说明控制单元存在故障。

（4）衰减增大时环形中断的故障诊断

环形中断故障诊断只能检测数据传输的中断。诊断管理器的执行元件诊断还有一项功能，即通过降低光功率来进行环形中断故障诊断，该功能用于识别增大的信号衰减。

功率下降时的环形中断故障诊断的过程与上面描述的基本相同，如图 7-18 所示。不同的是，控制单元用衰减度为 3dB（光功率减少一半）的方式打开它们在光导发射器中的发光二极管。如果光纤的衰减增大了，则到达接收器的光信号的强度不够强，接收器会发出“光学问题”的信号。这时，诊断管理器可以识别出故障位置，并在诊断测试仪的引导性故障查询中储存一条相应的故障信息。

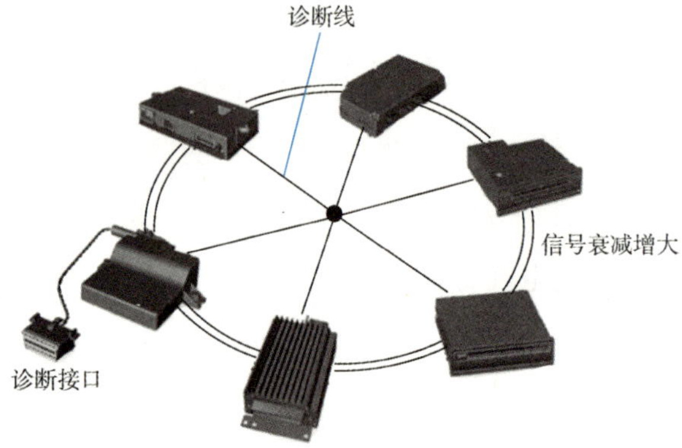

图 7-18　衰减增大时环形中断的故障诊断

光纤中衰减增大的原因如下。

1）光纤弯曲半径太小。光纤的弯曲半径小于 25mm（扭绞）时，内芯线在弯曲点会产生阴影（与弯曲的有机玻璃相比），在光纤与包层之间的分界面上，光束的入射角变大而不再被反射，如图 7-19 中①所示。光纤弯曲半径太小时，必须更换光纤，如图 7-20 所示，通过安装防扭绞管套（波纹管），可保证光纤铺设时的最小半径为 25mm。

2）光纤的覆盖层损坏或有磨痕。与铜导线不同的是，光纤磨坏时不会造成短路，但会导致光损失或外部光射入，如图 7-19 中②所示，此时系统会受到干扰或完全失灵。

3）端面刮伤。端面刮伤会使射到其上的光束发生散射，导致到达接收器的光量减少，如图 7-19 中③所示。

4）端面变脏。变脏的端面会阻止光束通过，导致衰减增大，如图 7-19 中④所示。

5）端面移位（如插头外壳破裂），如图 7-19 中⑤所示。

6）端面不成直线（如角度误差），如图 7-19 中⑥所示。

7）光纤的端面和控制单元的接触面之间有缝隙（如插头外壳破裂或未啮合），如图 7-19 中⑦所示。

8）套圈未正确压接，如图 7-19 中⑧所示。

9）光纤对折。装配时，绝对不允许将光纤对折，因为这样会损坏包层和光纤，光纤将在对折位置出现局部散射，从而造成信息传输速率降低。

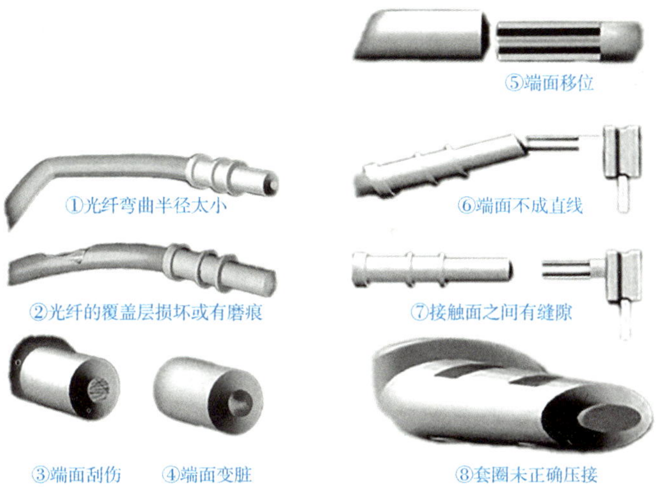

图 7-19　衰减增大的原因

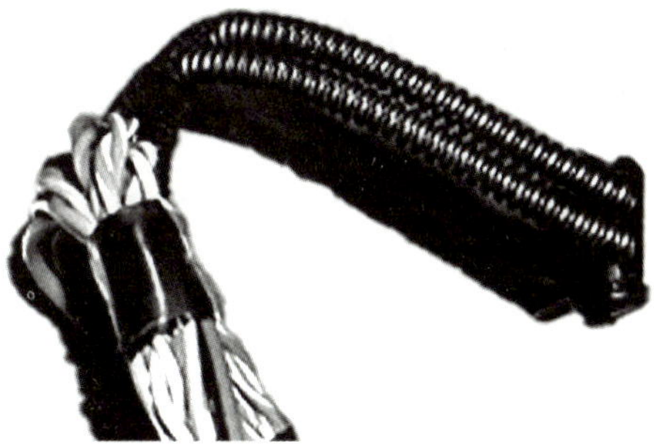

图 7-20　防扭绞管套（波纹管）

项目八 娱乐网关控制系统的诊断分析

项目描述

娱乐网关控制系统将所有相关联的控制功能集成在一个控制单元上，可以实现操作者与车辆的实时人机对话（一定程度上），满足不同驾乘人员的个性化需求。娱乐网关控制系统包括收音机、DVD 换碟机、CD 换碟机、导航单元、电话模块、电视机接收器、读卡器、硬盘存储器、蓝牙通信模块、语音操作系统和 WLAN（wireless local area network，无线局域网）热点等。由于娱乐网关控制系统传输的信息量大，因此现在大部分轿车都采用光纤通信系统。

本项目主要介绍舒适 CAN 总线信号电压，舒适 CAN 总线的故障检测方法，舒适 CAN 总线的波形检测方法，舒适 CAN 总线的故障类型，舒适 CAN 总线故障波形分析。

通过本项目学习，结合 1+X 新能源汽车网关控制娱乐系统技术（高级）要求，掌握新能源汽车娱乐网关控制系统的诊断分析，能够正确对娱乐网关控制系统的波形进行分析。

学习目标

知识目标	能力目标	思政要素和职业素养目标
1．熟悉舒适 CAN 总线常见故障； 2．掌握万用表、示波器的使用方法	1．能对舒适CAN总线进行故障诊断分析； 2．能使用万用表、示波器对舒适 CAN 总线进行故障检测； 3．能检测并排除舒适 CAN 总线的故障	1．树立正确的学习观、价值观，自觉践行行业道德规范； 2．遵规守纪，团结协作，爱护设备，钻研技术； 3．发扬一丝不苟、精益求精的工匠精神
对接 1+X 新能源汽车网关控制娱乐系统技术（高级）模块		

情景引入

如果你是一名新能源汽车维修技师，客户反映信息网关控制系统在电视播放模式下只有声音没有图像，需要进行检测维修，你能完成这个任务吗？

知识链接

一、舒适 CAN 总线信号电压

控制单元是通过 CAN 收发器连接到动力 CAN 总线上的。CAN 收发器内有一个接收器（差分信号放大器），用于处理来自 CAN_H 线和 CAN_L 线的信号，同时负责将转换后的信号传递至控制单元的 CAN 接收区。舒适 CAN 总线信号电压波形如图 8-1 所示。

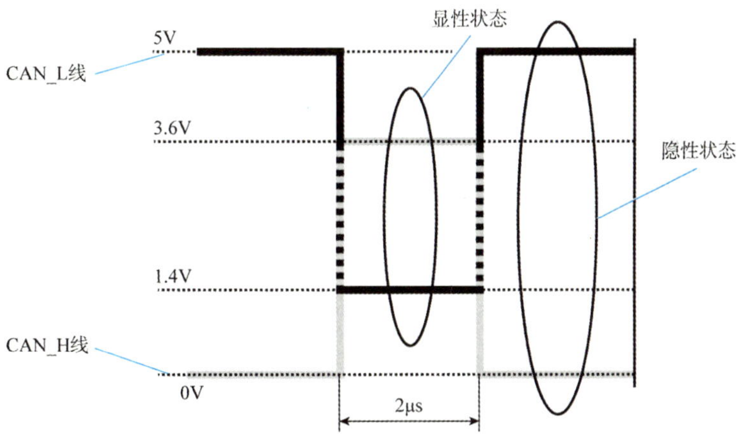

图 8-1 舒适 CAN 总线信号电压波形

（1）舒适 CAN 总线的信号电压

CAN_H 线的显性电压为 3.6V，隐性电压为 0V。

CAN_L 线的隐性电压为 5V，显性电压为 1.4V。

逻辑 1：CAN_H=3.6V，CAN_L=1.4V。

逻辑 0：CAN_H=0V，CAN_L=5V。

（2）CAN 收发器

CAN 收发器的结构如图 8-2 所示。

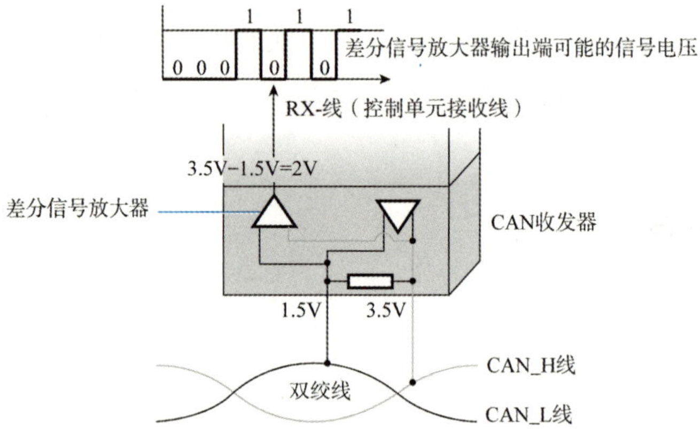

（a）动力 CAN 收发器的结构

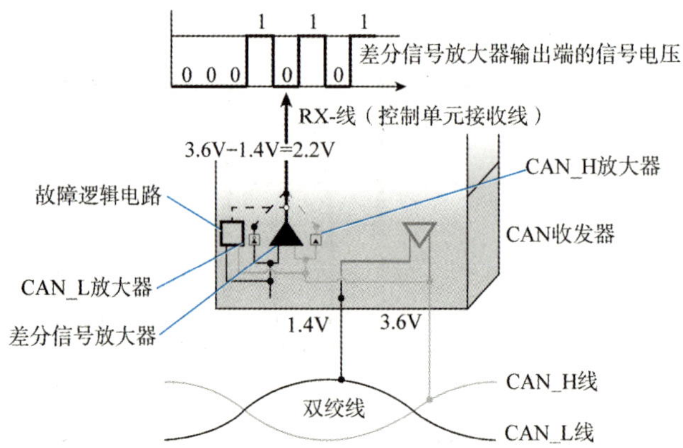

（b）舒适 CAN 收发器的结构

图 8-2　CAN 收发器的结构

二、舒适 CAN 总线故障检测方法

步骤1：连接诊断仪，进行 CAN 总线故障自诊断，读取故障码。

步骤2：读取数据流，检查舒适 CAN 总线是否处于单线工作模式。

步骤3：检查控制单元的电源、搭铁、熔断器是否正常。

步骤4：检测舒适 CAN 总线电压、波形是否正常。若不正常，则查阅维修手册，找到舒适 CAN 总线各个控制单元，逐一断开各控制单元的插接器，观察波形是否正常。若波形正常，则说明故障在控制单元；若波形不正常，则说明故障在舒适 CAN 总线线束上。

步骤5：逐一断开舒适 CAN 总线连接导线，观察波形是否正常。若波形正常，则说明故障在拆下的舒适 CAN 总线连接导线上，仔细检查导线，找出故障的具体部位。

步骤6：维修或更换故障导线和控制单元，排除故障。

步骤7：恢复车辆，整理工具和检测仪器。

三、舒适 CAN 总线波形检测方法

步骤1：打开示波器的电源开关，启动示波器。

步骤2：在车辆上找到舒适 CAN 总线的双绞线，分别将 CH1、CH2 检测线连接到 CAN_H 线和 CAN_L 线上，将负极线连接到蓄电池负极上。

步骤3：选择通用示波器功能，进入示波器检测界面。

步骤4：打开点火开关，检测舒适 CAN 总线的波形是否符合标准，并进行波形分析。若波形不正常，则查阅维修手册，找到舒适 CAN 总线各控制单元及导线节点的位置，逐一断开各控制单元的插接器，观察波形是否恢复正常。若波形恢复正常，则说明控制单元损坏；若波形未恢复正常，则说明舒适 CAN 总线连接导线故障。

步骤5：逐一断开舒适 CAN 总线连接导线，观察波形是否恢复正常，若恢复正常，则说明 CAN 总线连接导线故障，仔细查找故障部位并排除。

步骤6：再次进行波形检测，确定舒适 CAN 总线故障已排除。

步骤7：检测完毕，关闭点火开关，取下测试导线，将其放置到相应支架上。

步骤8：退出示波器，关闭电源开关，整理仪器及设备。

四、舒适 CAN 总线故障类型及波形分析

舒适 CAN 总线的信号变化信息由 VAS 5051 的数字存储式示波器（digital storage oscilloscope，DSO）接收。其中，DSO 设置纵坐标为“2V/Div”，横坐标为“0.02ms/Div”。

舒适 CAN 总线的标准波形如图 8-3 所示，颜色较浅的波形（上面曲线）为 CAN_H 线信号，颜色较深的波形（下面曲线）为 CAN_L 线信号。

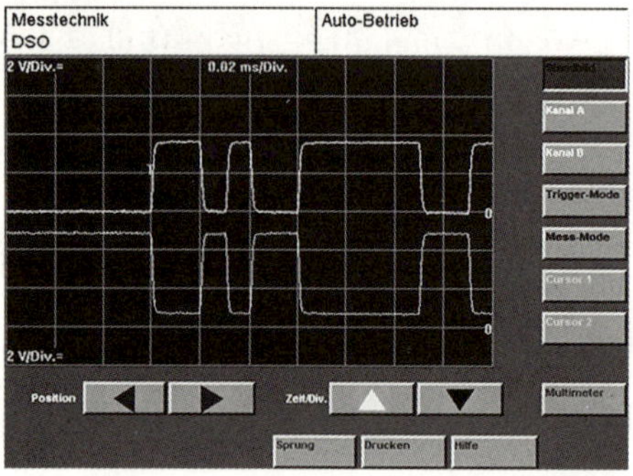

舒适 CAN 总线正常：

CAN_H 线的显性电压为 3.6V

CAN_L 线的隐性电压为 5.0V

CAN_H 线的隐性电压为 0V

CAN_L 线的显性电压为 1.4V

图 8-3　舒适 CAN 总线的标准波形

舒适 CAN 总线故障类型大概分为以下几种。

1）CAN_H 线搭铁（图 8-4）。

2）CAN_L 线搭铁（图 8-5）。

3）CAN_H 线对正极短路（图 8-6）。

4）CAN_L 线对正极短路（图 8-7）。

5）CAN_H 线断路（图 8-8）。

6）CAN_L 线断路（图 8-9）。

7）CAN_H 线通过连接电阻搭铁（图 8-10）。

8）CAN_L 线通过连接电阻搭铁（图 8-11）。

9）CAN_L 线通过连接电阻对正极短路（图 8-12）。

10）CAN_H 线和 CAN_L 线通过连接电阻短路（图 8-13）。

11）CAN_H 线和 CAN_L 线互相短路（图 8-14）。

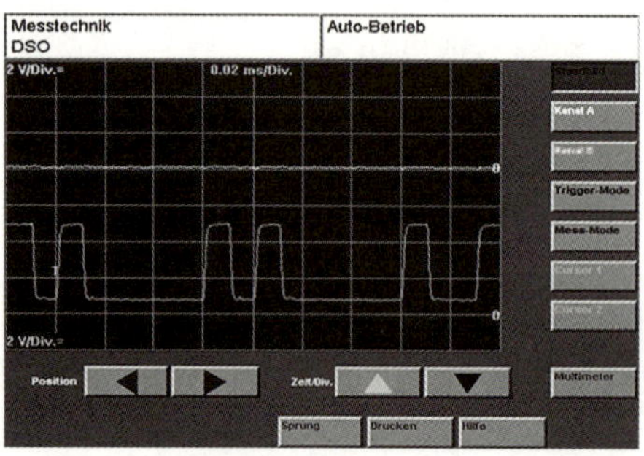

分析过程：

CAN_H 线（上面曲线）为端电压（0V），CAN_L 线（下面曲线）为 4.6V

结论：

CAN_H 线搭铁

图 8-4　CAN_H 线搭铁

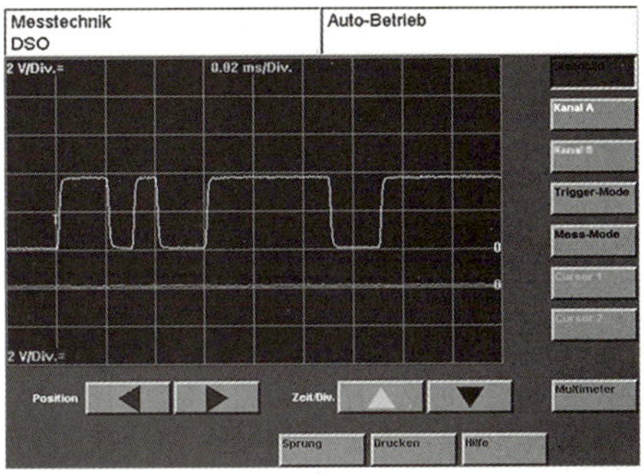

分析过程：
CAN_L线（下面曲线）为端电压（0V），CAN_H线（上面曲线）为0.4V

结论：
CAN_L线搭铁

图 8-5　CAN_L线搭铁

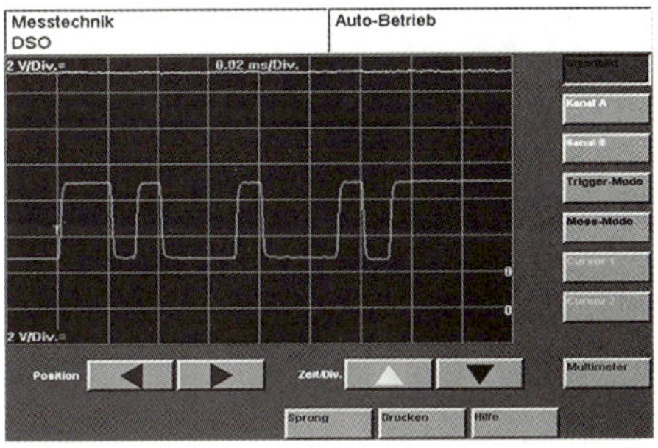

分析过程：
CAN_H线（上面曲线）为端电压（12V），CAN_L线（下面曲线）为4.6V

结论：
CAN_H线对正极短路

图 8-6　CAN_H线对正极短路

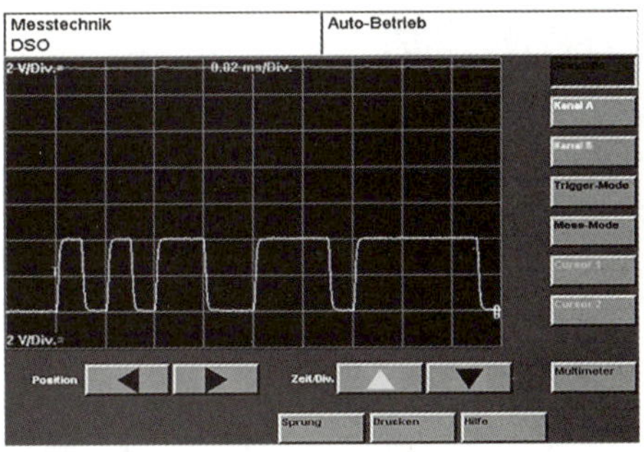

分析过程：
CAN_L线（上面曲线）为端电压（12V），CAN_H线（下面曲线）为0.4V

结论：
CAN_L线对正极短路

图 8-7　CAN_L线对正极短路

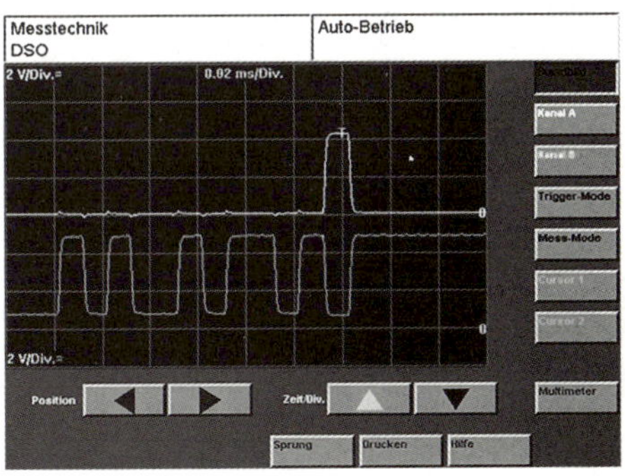

分析过程：
CAN_L线（上面曲线）偶尔波形正常，CAN_L线（下面曲线）为4.6V，CAN_H线为0.2V

结论：
CAN_H线断路

图 8-8　CAN_H线断路

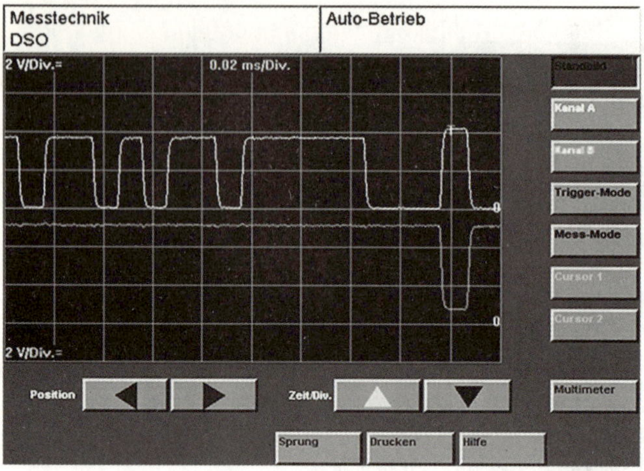

分析过程：

CAN_L 线（下面曲线）偶尔波形正常，CAN_L 线偶尔为 5V，CAN_H 线（上面曲线）为 0.4V

结论：

CAN_L 线断路

图 8-9　CAN_L 线断路

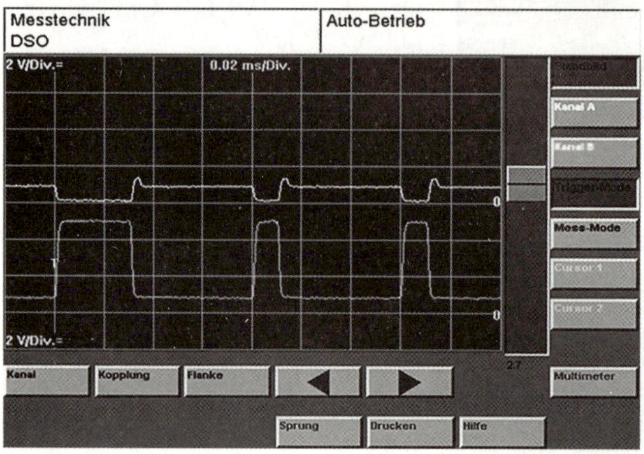

分析过程：

CAN_H 线（上面曲线）的电压达不到其标准电压，比标准电压低

结论：

CAN_H 线通过连接电阻搭铁，电阻值越大，波形越趋于正常；电阻值越小，波形越趋于平缓

图 8-10　CAN_H 线通过连接电阻搭铁

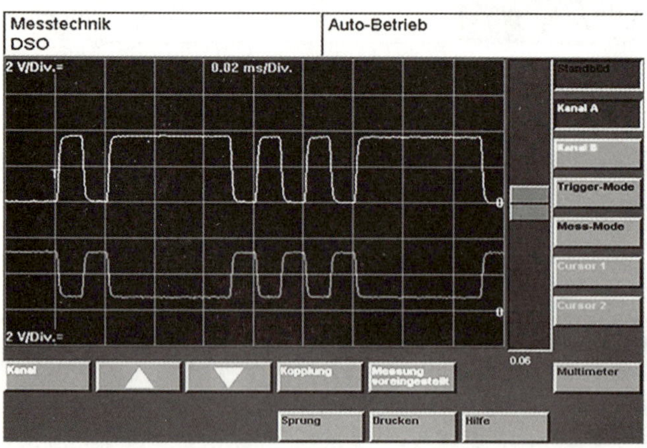

分析过程：

CAN_L 线（下面曲线）波形电压值过低

结论：

CAN_L 线通过连接电阻搭铁，电阻值越小，下降幅度越大

图 8-11　CAN_L 线通过连接电阻搭铁

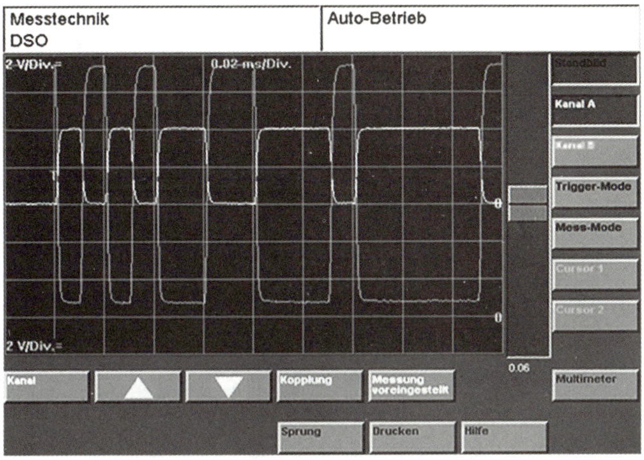

分析过程：
CAN_L 线（波动幅度较大的曲线）出现端电压（12V）

结论：
CAN_L 线通过连接电阻对正极短路

图 8-12 CAN_L 线通过连接电阻对正极短路

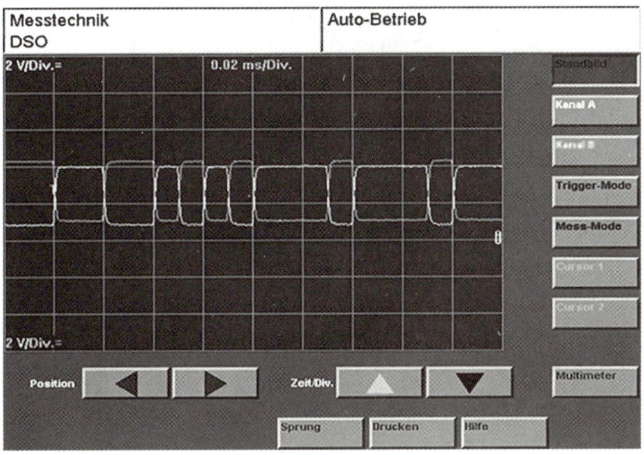

分析过程：
CAN_H 线和 CAN_L 线的波形正常，但上、下线电压与标准不符

结论：
CAN_H 线和 CAN_L 线通过连接电阻短路

图 8-13 CAN_H 线和 CAN_L 线通过连接电阻短路

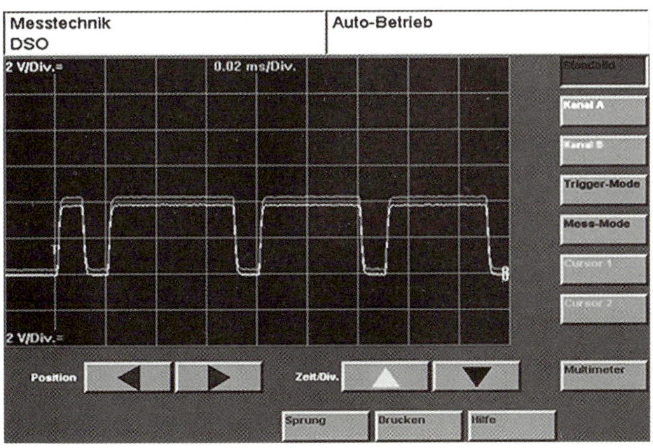

分析过程：
CAN_H 线和 CAN_L 线输出信号波形一样

结论：
CAN_H 线和 CAN_L 线互相短路

图 8-14 CAN_H 线和 CAN_L 线互相短路

单线工作模式如图 8-15 所示。如果因断路、短路或与蓄电池相连而导致两条 CAN 总线中的一条不工作了，那么就会切换到单线工作模式。

在单线工作模式下，控制单元不受影响，只使用完好的 CAN 总线数据信号，舒适 CAN 总线仍可继续工作。在单线工作模式下，一条波形为直线或出现缺失（无规则），而另一条波形正常。

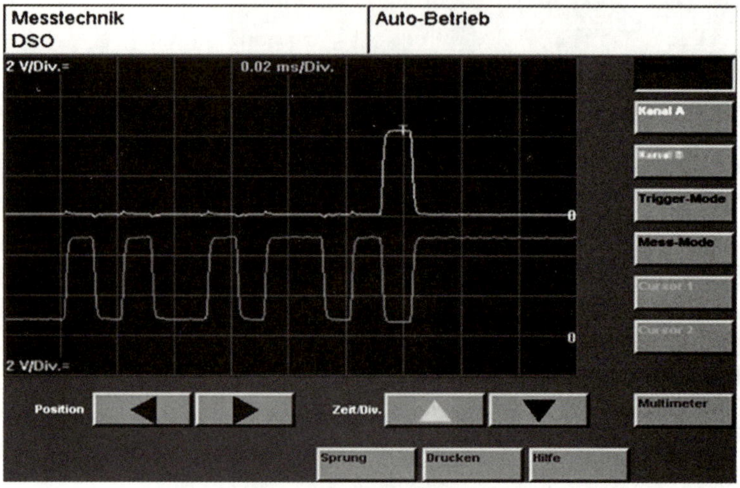

图 8-15　单线工作模式

任务实施

完成 1+X 任务工单八的任务与记录。

1+X 任务工单八

项目	诊断记录		
故障现象描述			
故障范围分析	确认故障症状并记录症状现象		
	1.		
	2.		
	3.		

续表

<table>
<tr><td>项目</td><td colspan="3">诊断记录</td><td></td><td></td></tr>
<tr><td rowspan="13">相关故障码及数据流分析</td><td colspan="5">故障码读取及分析（与故障无关可不填写）</td></tr>
<tr><td colspan="2">故障灯</td><td>故障码</td><td>故障说明</td><td>故障码出现原因说明</td></tr>
<tr><td colspan="2">◎点亮◎不亮◎闪烁</td><td></td><td></td><td></td></tr>
<tr><td colspan="5">故障码相关数据流读取及分析（与故障无关可不填写）</td></tr>
<tr><td>序号</td><td>检测项目</td><td>数据</td><td>判断</td><td>判断说明</td></tr>
<tr><td>1</td><td></td><td></td><td>◎正常 ◎异常</td><td></td></tr>
<tr><td>2</td><td></td><td></td><td>◎正常 ◎异常</td><td></td></tr>
<tr><td>3</td><td></td><td></td><td>◎正常 ◎异常</td><td></td></tr>
<tr><td>4</td><td></td><td></td><td>◎正常 ◎异常</td><td></td></tr>
<tr><td>5</td><td></td><td></td><td>◎正常 ◎异常</td><td></td></tr>
<tr><td>6</td><td></td><td></td><td>◎正常 ◎异常</td><td></td></tr>
<tr><td>7</td><td></td><td></td><td>◎正常 ◎异常</td><td></td></tr>
<tr><td>8</td><td></td><td></td><td>◎正常 ◎异常</td><td></td></tr>
<tr><td rowspan="18">故障诊断步骤</td><td colspan="5">性能检测（与故障无关可不填写）</td></tr>
<tr><td colspan="5">选用设备/工具：________________________</td></tr>
<tr><td colspan="5">检测部件/系统：________________________</td></tr>
<tr><td>检测项目</td><td>检测数据</td><td>判断</td><td colspan="2">相关维修资料</td></tr>
<tr><td></td><td></td><td>◎正常 ◎异常</td><td colspan="2">第__章__节__页</td></tr>
<tr><td></td><td></td><td>◎正常 ◎异常</td><td colspan="2">第__章__节__页</td></tr>
<tr><td></td><td></td><td>◎正常 ◎异常</td><td colspan="2">第__章__节__页</td></tr>
<tr><td rowspan="2">分析说明</td><td colspan="4">故障部件：（请写明元件名称）</td></tr>
<tr><td colspan="4">故障原因：</td></tr>
<tr><td colspan="5">其他：____________（与故障无关可不填写）</td></tr>
<tr><td colspan="5">选用设备/工具：________________________</td></tr>
<tr><td colspan="5">检测部件/系统：________________________</td></tr>
<tr><td>部件电路编号</td><td>线路区间</td><td>检测数据</td><td>判断</td><td>相关维修资料</td></tr>
<tr><td></td><td></td><td></td><td>◎正常◎异常</td><td>第__章__节__页</td></tr>
<tr><td></td><td></td><td></td><td>◎正常◎异常</td><td>第__章__节__页</td></tr>
<tr><td></td><td></td><td></td><td>◎正常◎异常</td><td>第__章__节__页</td></tr>
<tr><td rowspan="2">分析说明</td><td colspan="4">故障位置/线路/部件：</td></tr>
<tr><td colspan="4">故障原因：</td></tr>
</table>

思考与总结

1. 填空题

1）CAN_H 线对正极短路的端电压为________。

2）CAN_H 线通过连接电阻搭铁，电阻值越________，波形越趋于正常，电阻值越________，波形越趋于平缓。

2. 判断题

1）舒适 CAN 总线可以连接 5 个控制单元。（　　）

2）舒适 CAN 总线上的终端电阻的电阻值可以用万用表进行测量。（　　）

3）在舒适 CAN 总线上，当 CAN_H 线和 CAN_L 线中的一条断路时，整个动力系统将无法工作。（　　）

3. 单项选择题

1）下列关于舒适 CAN 总线标准波形的描述中，正确的是（　　）。

A．CAN_H 线的显性电压为 2.8V

B．CAN_H 线的隐性电压为 2V

C．CAN_L 线的隐性电压为 5.0V

D．CAN_L 线的显性电压为 3.4V

2）CAN_L 线对地短路时的电压为（　　）。

A．0V　　B．0.5V

C．1V

3）CAN_L 线对正极短路时的电压为（　　）。

A．10V　　B．12V

C．2V

4）CAN_L 线断路时的电压为（　　）。

A．2V　　B．3V

C．5V

4. 任务学习后总结及建议

____

____

____

____

____

5. 任务评价

评价内容	扣分标准	任务评价	任务得分
操作错误次数	操作不正确一次扣 5 分	20 分	
记录数据	记录不正确一次扣 5 分	10 分	
故障排除情况	教师根据故障排除的难易程度评分	40 分	
课后思考题	按百分比评分	20 分	
任务学习后总结及建议	不少于 100 字	10 分	
总排名分数	以上总计得分	100 分	

参考文献

刘春晖，刘光晓，2019．汽车车载网络技术详解[M]．3 版．北京：机械工业出版社．

秦贵和，张洪坤，2017．车载网络及信息技术[M]．北京：机械工业出版社．